面相答客問。

第二集

沈氏相法系列

沈全榮 著

自序

　　本《面相答客問》編集成冊，純屬偶然，只因老沈嚮往陶淵明那「歸去來兮，請息交以絕遊。」桃花源的生活，故自退休後，遠離塵囂，返回故鄉恆春半島，徜徉在山水中，一杯咖啡，一本書；一張椅子，一片雲，當個鄉野閒人。

　　然好友不給閒，開設臉書社團「愛上面相棧」，好讓面相師生同學們有個雲端交誼平台，相互聯繫並探索面相奧妙，立意甚佳。因此，老沈閒餘時間，偶爾筆耕，寫些面相文章，回覆些面相問題，與眾門生分享。

　　誰知，又是無心插柳，柳成蔭。「愛上面相棧」自開設多年來，吸引了不少海內外面相學習愛好者，其中，還有多位知名命理先進，大家彼此拋題問答，相互切磋學習與探索，開啟「面相答客問」專欄之運作。

　　於焉《面相答客問》第一集在2019年正出版，因本專欄廣獲大家好評，運作量爆增，今再集冊出書是為《面相答客問》第二集，付梓公諸於世，拋磚引玉，謹盼面相同好，繼續掀起面相神秘面紗！

　　文章千古事，得失寸心知；老沈不揣簡陋，先後編著《面相解密》、《面相筆記》、《面相故事》、《面相答客問》等書籍；老沈學植不深，故本書盲點與缺漏自屬難免，尚祈先進匡闕補漏為禱！

沈全榮　謹識

2021年8月於屏東，車城好林居

自序 ········ 003

二百零一、山根橫紋要在意的事項

問：沈老師晚安！請問您：我山根有條橫紋，需注意哪些生活上的問題？

答：面相對山根橫紋的解讀有三個面向：

一、就健康上來說，山根是心臟的對穴，當我們的心血管硬化、血液粥糜化、粥狀動脈硬化，山根便會浮現出橫條紋，因此，這個橫紋是心血腦病變的表徵之一。

二、女生鼻子是先生的事業，當女生鼻之山根出現橫紋，女之流年39至41歲，先生的事業會微微跌宕或蕩不順。

三、山根是情感神秘十字帶的交匯點，當山根橫紋增生，多少會影響到夫妻的感情，最直接的感受便是溝通不良而生嫌隙。

山根橫紋，簡單的說就是破陷，就是違章建築，唯不單一論相，如果己之眼神明亮且定，上列第二、三點的休咎可以減半論處之。如果十字帶區有痣斑痕痘紋等其他之違建符號，這些符號對中年運的負面影響，就不能小覷它。

面相即是生活，生活即是所謂命運的實踐，有關宋小姐的提問，老沈就做如上的回覆。誠祝宋小姐心想事成，平安順遂！

二百零二、女生三寒格局之解析

問：請問，眉毛顏色很淡是屬於眉寒的一種嗎？有請沈老師解惑！

答：這是老沈幾天前，在愛上面相棧貼出「三寒格局」菁華回顧，棧

友再提出的問題。所謂教學相長,這個問題容有再詳細論述的必要,總體說來,老沈的答覆如下:

一、三寒格局,通常論在瘦女子的身上,所謂「三寒」指的是,眉稀、肩斜、聲啞,謂之三寒。女聲三寒兼具,主貧困孤寂而終。

二、何以三寒女生是孤寂而終之相,其實道理無非是:

　　1.眉稀疏者,六親不力,孤獨無助,此其一。

　　2.肩寒斜下者,得擔負家計,為夫辛勞,卻難享夫情,此其二。

　　3.女生聲寒者,子女不旺,是為困敗之相,56歲起算直至終老至休。

　　4.三寒者,小腿無肚,臀部扁平不豐厚,故子女乏益可受,子女親緣澆薄,年老孤寂而終,非純是偶然之對應。

三、既是三寒破陷之相,若按江湖中傳說的「沈氏相法」推論,這得以推論反推論之外襲法,再進一步敘述說明:

　　1.三寒格局女生,多半父母發貴在中年,困在晚年,因此,據此推定,三寒相局的女生,36歲前享盡人生榮華,然36歲後榮華褪去,晦暗來襲。

　　2.如果以手相做據,三寒格局女生手掌綿骨軟,故流年36歲起衰相漸顯,命薄相窮者多數得走入八大行業當流鶯一族。這般命運捉弄,豈是她之所願,無奈的,它就是歸論在命運的轉盤了得!

　　3.三寒者,其夫相中或下停必陷,陷之其一在鼻小,陷之其二在嘴小。女生三寒格局,既無法旺夫,又無福旺子,因此,大膽推論其子女,非但額頭失陷,眼神偏離更屬神奇且不為荒誕。無奈,子女與夫妻相理相互呼應呢!

四、回歸主問題,女生如果僅是眉毛疏淡,這還不足以三寒作論,除非她有肩寒、聲寒,否則僅眉寒一項,頂多做論兄弟

手足不密，難享夫情，駕馭先生不得要領罷了！

以上是老沈給棧友劉小姐的答覆，純屬經驗之談，容有再探索的空間！

二百零三、修心養性可以改善眼神

問：請問，要如何改變三白眼的眼神？

答：三白眼指的是，眼球左右與底部明顯見到眼白，是為三白眼。三白眼都屬來自父母垂直遺傳所致，少數則是病變而來。

探索三白眼能否改變之前，就得要認識為什麼會出現三白眼，其實這與母親懷胎過程，心理壓力有著因果關係。舉凡媽媽懷孕期間，精神遭受極大冤屈不平，胎兒眼之神形會是三白眼或眼神耗濁不清居多。

至於三白眼的休與咎，多數文獻都認定為凶眼相。但這裡可有個但書，就是眼睛形狀呈扁細長者，三白眼反而是冷靜與智慧的外徵。有這種眼相者，都能躋身社會中堅階層。

所以，按上述說明，三白眼不完全是凶咎之眼相。因此，提問者所指的三白眼，還得界定是眼睛圓大或雙眼皮的三白眼，還是眼睛扁細長的三白眼。

如果是眼睛圓大或雙眼皮的三白眼，則歸類在不佳的眼相，有這樣三白眼相的前提下，才有要如何改變三白眼眼神的必要性。

說到改變，就全得從自己改變起，改變內心世界的生命觀、思想觀，才能改變自己眼露三白的眼相。這稱為由心理去刺激生理，由量

變到質變。即涵養品德，陶冶性情，如常利用藝文音樂美術書法與接近大自然來修身養性。

面相不荒謬，它有著幾分的科學性。父母垂直遺傳稱之為基因遺傳；自己以心態與意志力去改造自己，是為自我基因改造。老沈追蹤過諸多演藝界的案例，年輕時眼露三白，來到四五十歲後，卻由三白變為二白的正常眼相，原因無它，修身兩字而已。

因此，曾小姐問如何改變三白之眼神，老沈只能說，修心養性才是改變眼神的根本之始。

以上答覆，這樣的回應雖答不完題，但也非南轅而北轍！

二百零四、左眉頭痣對人的影響

問：請問沈老師，左邊眉頭上面有痣，是不好的痣嗎？

答：在老沈「面相答客問」裡頭，有關眉毛痣的問題，已有多篇解說過。今天曾小姐再提問：左邊眉頭上面有痣，是不好的痣嗎？面無善痣，所以答案是肯定的，該顆眉頭痣是屬於不好的痣相。

為何說是不好的痣相，以下是老沈的說明：

一、眉毛就中醫理論，眉頭是肺的對穴，眉尾則是肝的對穴。眉頭長痣，意味肺部氣管弱，會有乾咳症疾。

二、眉毛是兄弟宮位，男左眉頭痣是兄弟不睦，兄弟失和，兄弟血光之災的先兆，還須防範兄弟手足英年早逝的遺憾。如果眉毛散亂不秀麗的話，這樣的晦咎更趨明顯。

三、眉毛左羅睺，右計都，是財倉所在，舉凡眉毛長痣者，一生中會被手足或損友重大倒債一次以上，因此在理財上宜小心

謹慎應變，以控管風險。

四、按小人相法的貼圖，眉頭是肩胛骨。因此，左眉頭生痣，得
　　小心肩胛骨摔傷；說來誰也不信，但這個論則半年前，再次
　　被一位好友給兌獎了。可別不信邪！

溫故知新，老沈再次回覆眉頭痣的提問，以上還請曾小姐賜正匡
闕！

二百零五、花心男臉上的特殊符號

問：請問，怎麼看男人是花心的或者是色胚，這可以請教吧？

答：面相問題真是無奇不有，這位棧友的問題，如是在考驗老沈對面
　　相探索的寬度與深度。

　　這問題說真的，可以答覆得既寬且深，但就怕被對號入座，或按
文抓狼，引申不必要的風波，因此，僅就大方向給答覆，細節就自行
翻書找答案去了。

　　所謂花心或色胚，很難界定，舉例來說，男生多看美女一眼，或
來個浪漫的問候，有時不小心，還真會被貼上色狼的標籤。所以排除
例舉，花心或色胚的界定，狹義說法應是指那些同時交了多位伴侶，
或一再分期多偶的男生吧！

　　從面相來說，花心的男生臉上是有特殊的符號，這得要從臉上愛
情神秘十字帶去觀察：

　　1.面如郎君（註：見面相詞彙解說）而眼珠特亮者便是。

　　2.眉毛形狀如圓棋，又，眼神不笑似笑神態，盯著美女直看者。

3.鼻樑長痣者，這是桃花之表徵，可算上是半匹狼，如果珠光飄
　漫，稱他色胚也不為過。

4.眼尾痘痘長駐，氣色潮紅者，特有女人緣，是匹容易被色誘的
　狼。

5.再來看嘴巴，唇紅嘴稜者，多少帶點才氣，也隱藏著不為人知
　的花心。

　　老沈就上述回答，惟相不單論，男女情感世界盡寫在神秘十字帶
上，臉上桃花符號越多，濫情指數就越高。至於更細的觀論方法，在
老沈面相筆記與面相教學光碟中，都有詳細解說！

　　良知叮嚀！看完這則答客問，如有衍生男女糾紛，與老沈無關，
請別找我背書。容先聲明！

二百零六、臉上黑斑與健康息息相關

問：為什麼有人臉上會長黑斑，是肝異常的外徵嗎？可請給解惑？

答：看來老沈的答客問，似乎無所不包，雖然這問題與面相看似無
　　關，其實卻是面相研究的一環。

　　有關臉上黑斑的形成，實際上是體內毒素讓細胞不斷壞死的堆
積，由量變到質變，反射在臉上的一種符號。

　　從中醫的說法：「五臟與五官互為表裡。」、「有諸內必形之於
外。」因此，臉上的斑說穿了，就是體內瘀血的外徵。

　　這些斑諸如老人斑、黃褐斑、雀斑等，多見於臉上、手背和身
上。如果後天不在意健康保養，斑毒素堆積得越多，黑斑就會越大，
這更說明五臟六腑毒素越積越多，病變風險自然越是明顯。

至於會是什麼病變，按老沈所知道的，是以心腦血管方面的疾病見常，肝腎疾症為次；中年人偶見，老年人尤甚。

更進一步的探索，黑斑的出現，以不在意健康保養的人，及低下勞動階級者，相對較多，約是五、六十歲許，臉上就會出現斑點；反之，平時懂得養生的，情緒穩定的，或位居上層社會的人士，黑斑較少，長斑年歲也會較晚。

這則提問很好，因為黑斑與健康息息相關；有關斑的其他細節休咎，還有論述的空間，容有機會再表。

以上回應，希望能喚起大家對斑的認識！還祈請行家惠賜看法！

二百零七、下巴突然冒出痘痘相理解析

問：請問老師，最近我的下巴突然冒出很多痘痘，可否請老師解相？

答：這位提問者是臉書社團棧友，這則實務性的面相問題，我的分析與解題如下：

一、女生生理失調，過度忙碌，情緒緊張，都會以痘痘反射在下巴。

二、下巴長痘痘，生理對應的是，排便滑腸溏稀，一般人會以為是胃腸問題，其實不然，那是內分泌失調的外徵，腎水外氾沖剋脾土的症疾，男生就是要服用六味丸，女生則吃白鳳丸，便能調理。

三、下巴痘痘增生不退，還有個外在因素，那就是家裡排水系統不通，如馬桶、排水溝阻塞、浴室潮溼，都是會長痘的外在因素。別說是荒誕無稽之談，這種案例老沈見多了。

四、除自我生理調理，再清一清自家排水系統，下巴痘痘自然會
　　消退，信不信就看妳了。

五、下巴是奴僕與子女宮位所在，下巴痘子不消失，這當下與部
　　屬或子女溝通有障礙，自是難免。別懷疑！

　　面相存在著無法以科學實證的玄妙，雖不是很科學，但每言必
中，所以老沈常提醒棧友，請別忽略帽子底下的那張臉！

二百零八、人的善惡、運勢在乎於氣色

問：請教沈老師，看一個人的善惡看哪裡？當下的運勢又看哪裡？如
　　何理解氣色？

答：這是老沈忘年之交友人的提問，因為至交是中高階管理者，很需
　　要相學的知識。因此，老沈以十八匹快馬修書，給予回覆。

　　首先，談善惡看哪裡？按古相書說：善惡看眼神：另外，曾國
藩冰鑒所指，善惡觀鼻子。因此，老沈給的綜合看法是：眼神飄漫不
定，如狼眼顧盼，如眼視下斜，都是邪惡之眼相。

　　如再參與曾氏所指，鼻歪斜不正，或鼻形鷹勾，兩者俱存，當可
以非善相論述之。

　　再者，按老沈實務驗證，凡顴骨呈顯橫肉，眼神銳利，讓人望之
生畏者，這也是非善之相理。

　　其次，這位好友問，當下的運勢又看哪裡？如何理解氣色？

　　其實，這個問題很實務，且很好回應。一個人當下運勢好與壞，
從神秘十字帶觀論，八九不離十。

　　眉眼為橫帶區，中正、印堂，山根鼻準，為縱帶區，形成一個十字帶，這十字字帶以氣色作論，明亮清朗，為吉相，主當下運旺；若十字帶區氣色暗晦，代表財困業窘，事業遇挫；眼神視下，神氣不清者尤是。

　　以上回覆老沈忘年至友的提問，相信這道習題，也是各位的疑問！老沈就毫不保留，與大家分享！

二百零九、眼睛黑白不分、無神會情傷或損財

問：中年婦女眼睛黑白不分，眼神柔弱，神不亮足，請問是桃花眼嗎？如果不是，那要從何作論？

答：按馮先生所傳來的相片，及其對這位中年婦女眼睛的相理描繪，這種眼相並非桃花眼。

　　桃花眼的界定，其實不難，應要符合五個要件：

　　一、眼神飄漫視斜或邪。

　　二、眼神看視不聚焦。

　　三、眼睛水水如泛淚。

　　四、眼睛上瞼形狀拱圓，眼瞼微鼓。

　　五、上下眼眶泛赤紅色。

　　這五個要件只要擁有三項以上，大概可以往桃花眼做推論。

　　問者說，中年婦女眼睛黑白不分，瞻視乏力，神不亮足，如果不是桃花眼，要如何論述這眼睛相？

　　問得好！有關這樣的眼相，可以大膽往損財與情傷作論斷。

眼睛主財緣也主男女婚情，眼睛濁眊不清，是為財困，無法賺大錢，且存不住錢財；至於在婚情上，這樣的眼相因為身心運作失序，因此，是難享正常婚姻生活的眼相。

面相好好玩，當老沈做了後段的答覆後，馮先生立刻回訊說：「她已離婚了。」

二百一十、奸門單紋橫劃主喜新厭舊

問：男生奸門僅一條魚尾紋橫劃到太陽穴，請問對婚情有影響嗎？

答：這是位吳小姐的提問，回覆這則問題前，先給聲明，老沈是站在面相真理的一方，與任何人均無利害相關，對這個提問做解答，請別按圖索驥，硬要愛人或他人對號入座認罪，如有閃失，請別找老沈評斷公平。

奸門是男女夫妻宮位，就字義解讀，奸字與姦字同義。所以，奸門即是男女私情罩門所在，解讀奸門違章建築符號，當可推論及男女婚情。

凡奸門被單一橫紋劃破，在老沈面相驗證實務裡，這條橫紋會傷到男女婚情。

男生見魚尾橫紋者，會是個大男人主義者；這種紋相的男生，對妻子要求嚴苛，卻放縱自己恣意妄為；對老婆不懂體貼，卻對妙齡美眉格外親切溫柔，用閩南俚語：「牛稠內鬥牛母」來形容他，還真是貼切。

換言之，奸門單紋橫劃，是為喜新厭舊的紋相。

就回覆到此為止，不宜再深入說明，免得有人情海生波！

二百一十一、甲狀腺亢進症之論斷

問：老師「面相與健康」尚未開課，我可以先問「甲狀腺亢進症」面
相怎麼看嗎？

答：這位小姐還真會抓時間點，老沈是規劃要開面相診健康的課程，
既然妳先提問投球，我就接球做答。

中醫指出：五臟與五官互為表裡，五臟六腑病變，在臉上五官
會發出訊息，如氣色變化、紋斑痣痘痕增生、或眼睛出現異常的神情
等。

「甲狀腺亢進症」怎麼觀看，老沈答覆如下：

甲狀腺亢進症最大表徵，在眼球突出，眼白外露，珠睛轉動不靈
活，直視逼人一般，讓人乍看有如「彈眼落睛」，神光灼人。

有甲狀腺亢進症者，初期是一邊眼睛外側突出，隨之另一眼也跟
著突出；眼裂增大，閃閃有光，兩眼閉合不自然，上下看視時，上下
眼瞼皮不隨之皺褶。

另外，還有一種表徵，就是神色緊張，有著驚慌憤怒似的表情，
令人望之生畏。

有如上述眼相情況者，當可以判斷為甲狀腺亢進症。

以上回答這位白小姐的提問。

二百一十二、精氣神對事業與健康之影響

問：請問沈老師，面相精氣神要如何看論？對所謂的運勢有影響嗎？

答：這個問題已提了個把月，因忙於多本書的訂稿，所以現在才作回應。

看論面相得從骨相與氣色兩方面著入。因為相書說：「骨相宰一生榮枯，氣色主一時休咎。」骨相指的是，頭顱五官長相，骨相為天生，是命定不可變的；氣色指的是精氣神，因為，人之氣血皆榮於頭面；中醫指出：「血氣者，人之神。」、「神者，水穀之精也。」體內氣血的運作，能反應生理的健康；又，心理會刺激生理的運作，故精氣神是後天的，可自覺性的運作，由心理交會影響生理，精氣神於焉產生。

精氣神為人體三寶，三者互為一體，腎精足則氣血清，氣血清則神有餘，三者互依互倚。

至於要如何看論精氣神，不外要從眼睛觀察測知。所謂：天重日月，人重雙眼。眼睛是精氣神薈萃所在，精足則神足，神足則氣清。因此，眼睛清朗明亮，眼神真光含藏，不僅是身心健康的外徵，更是智慧的外顯。

面相有「神光照鼻顴」之說，當眼珠明亮如灼光，這光芒會照射在印堂、鼻子與顴骨上，整個臉龐自然潤亮耀人。

精氣神到位，事業吉昌，主大吉；反之則否。用二分比較法，如成功者與失敗者，健康者與傷病者做對照，便可清楚分辨識別精氣神的層次感。

最後老沈得要強調，精氣神是後天的造命，想要精氣神俱足，它沒有捷徑，只有自覺性的改變與修為，透過修身養性，佈施持戒，淨罪集資，廣結善緣，才能擁抱幸福！

天道酬勤？精氣神又是一個好案例！以上回應石小姐的提問！

二百一十三、顴骨粉紅與赤紅之解讀

問：請問顴骨位置，皮膚透粉紅算赤紅嗎？粉紅與赤紅在面相解讀有何差異？

答：面相答客問的問題，越來越具挑戰性，但老沈願意接受挑戰，因為面相之學，還存在很多的題材、角度與面向，等著被創發，讓我們看得更清楚。

有關顴骨粉紅與赤紅的區別，在於顴骨臉頰會不會潮熱，如果會有潮熱感，就是屬於赤紅，反之則是粉紅。

先說粉紅，臉頰如蘋果紅，是氣血運作的正常反射，但它的附帶要件是要皮膚潔白，才能顯現蘋果紅的好氣色，代表身體健康，心情愉悅。如果是未婚女生，這稱為桃花紅，意味喜訊將至；如果是業務工作行業，則象徵業務要開出紅盤。故顴骨粉紅是主昌、吉、喜、慶之氣色相。

如果是因體熱，反射出的顴骨潮紅或赤紅，且赤紅對稱的部分在鼻子兩邊。就健康而言，紅斑性狼瘡患者，多半就是這種氣色相。

還有一種情況是，中午過後，兩顴微微發紅，是體內潮熱的表相，如早期的肺結核，或為腫瘤性潮熱患者，也有這樣的顴相。

顴骨是與朋友與同事同儕相關之部位，另外顴骨也可論斷其權柄，因此在此前提下，只要顴骨呈赤氣色，也可以朝遭小人讒言，衍生是非爭執的推定。

面相好玩嗎？以上回應棧友石小姐的提問。謝謝並請賜正匡闕！

二百一十四、兄弟眉形有異之解讀

問：兩兄弟眉毛不同樣，哥哥秀麗，弟弟則顯得稀疏尾亂，為什麼？

答：面相是張履歷表，這張履歷內容，多數寫的是自己，局部會是父母、手足、子女，配偶等相關親屬，已知或不為人知的過去紀錄。眉毛就是解讀面相履歷表其中的一個重要介面。

兄弟手足是同一家作人工廠，不同批號的產品。哥哥眉毛秀麗，弟弟眉形稀疏尾散，代表父親生產產品時，品質管理不良善。換言之，是父親在讓母親懷胎生弟弟時，沒有好好作人，所以，弟弟眉毛就屬於次級品。

這話怎麼說，因為眉毛後半段為肝穴，影響肝臟運作的因素有二，一是酒，二是情緒脾氣。父親在當製作人前，喝醉酒或大怒脾氣大暴發，基於生心理垂直遺傳結果，所生的小孩眉形就是稀疏、散亂。

如果，當父親的情緒平和愉悅，且沒有酗酒習慣，所生下的子女眉毛就會趨近秀麗、貼順、眉尾過目。

因此，兄弟眉形，一好一差，局部是在反應父親過去生心理的變化路徑。

以上回答高雄相譜班學員的提問。面相好好玩，這又是個好例子，不是嗎？

二百一十五、解讀女生眉毛特別黑濃粗

問：請問，女生眉毛特別黑濃又粗，在面相的休咎解讀為何？

答：面相相理其實講的是「中正」兩字，所謂中正，指的是適中，不偏不倚，非過與不及。

因此，眉毛特黑濃，或特疏淡，都是過與不及之眉相。

按相書的說法，眉毛可以看論個性，女生眉毛黑濃者，佔有慾強，做事計劃縝密，執行力好；反之則否。

如上說法，套上男女婚情來說，女生眉毛特別黑濃，是為「妻管嚴」的外徵；女生無眉，則是馭夫乏術的表徵。兩者的差異立下可判。

又，眉粗性剛，眉細性柔。女生眉毛粗硬者，個性剛強不柔，不易溝通協調，所以易落入牝雞司晨的困境，對應在男女婚姻情感，就是同床異夢。

以上回覆相譜班學員的提問，願與各位棧友分享之！謝謝！

二百一十六、以面相選才用人之要點

問：沈老師，想請問以您的面相專業，在任職的單位是否常擔任面談（試）委員？如是，請教沈老師您會著重哪些要點？讓單位進用適任人員。

答：不識人不足為帥，不識才不足為君。一個單位的運作，首重人事晉用，選對人才，單位可以順利運作，如果用人不當，就是「請神容易，送神難」，徒增單位困擾。因此，機關單位首長，四大

任務是目標管理、財務管理、危機處理、與人力資源管理。人資管理的重點就是晉用人才、培育幹部、歷練與傳承。

所以，就人資管理來說，這個問題還真問到了重點。

過去本人任職南部某國立大學二級小主管，因為懂得面相，所以常被人事單位委派，或受院系所請託，擔任人員應徵遴選面試委員。其中，包括任職單位幾次應聘新進員工，或工讀生，老沈都是以貌取人。

把面相運用在人員之晉用，老沈不敢自稱高手，但每回都能為單位把關，讓優質人才進到單位，一起共事。十多年來，自認沒有「以言取人，失之宰予；以貌取人，失之子羽。」之錯。

曾小姐問，我選人著重哪些要點？我的經驗分享是：

一、首先看眼形，眼睛不宜圓大，眼睛圓大，又有明顯雙眼皮，情緒多變，無法勇於任事；所以，老沈選職員，無不以單眼皮的為首要考量。

二、再來觀眼神，人才晉用，眼神宜定，明亮神足；不選眼神漂視，眼漂眼斜視，是為心術不正；又，眼神耗濁，辦事精密度不高，所以，有這般眼神相者，不能晉用。

三、另外觀眉毛，眉毛要過目，且眉尾的尾聚。眉亂、眉短、眉特粗者，自我管理不好，無法與同事理性相處。

四、還得審視鼻子，鼻子宜端正，不宜歪斜。鼻正心正，鼻斜心偏；又，鼻正且得要骨肉相稱，僅骨乏肉者，辦事不知權變，食古不化。

五、最後一個重點，遴選部屬不宜晉用髮際線不平整，或是額頭受傷者，這是抗上叛逆性格的外徵；但這種額相者，如果你能駕馭他，讓他折服，他倒是會為單位仗義賣命。

以上是老沈在職期間，受委託當面試委員，以面相相理，選才用人的幾個大方向，還真屢試不爽。謹提供與大家分享之！

二百一十七、蓄鬚改運不如改變個性

問：請問，面相有「蓄鬚摧運」之說嗎？我今年42歲，想蓄鬚改運可以嗎？我想聽聽老師的看法？

答：面相是有「蓄鬚摧運」之說。所謂：「嘴上無毛，辦事不牢。」所以才有「蓄鬚摧運」的點子出現，其實，留鬍鬚，只是要讓人感覺穩重老成罷了，有沒有用，則是見仁見智。

相書說：「年少一輪眉，老來一抱鬚。」此言指的是年輕時重眉相，老來時重鬍鬚。一輪眉也好，一抱鬚也好，完全由自己生理主宰。

問者年華在42歲之齡，想要藉由「蓄鬚摧運」，以掩飾「嘴上無毛，辦事不牢」之刻板印象。我的看法是，個性的改變，更勝於外貌的改變。

鬍鬚以清秀為關健，如果真要蓄鬍，鬍鬚則不宜雜亂、枯焦、缺損，若有上列情況，則主破敗與災禍。所以，不是因天生體質的眉清鬚秀，而是不蓄鬍反而要比蓄鬍來得好。

以上是老沈的淺見，供陳先生參考，但不為蓄不蓄鬍之依據。

二百一十八、額頭氣色明亮之要訣

問：我對面相粗淺的認識，知道額頭氣色亮有助於事業經營，請問老師，要如何做才能讓額頭氣色明亮？

答：這是一則實務的提問，沒錯，事業要經營得好，額頭氣色就非得黃明潤亮不可，因為事業宮或所謂的官祿宮，就是以骨相加上氣

色作觀論依據。

額頭有奇骨，氣色又明亮的，事業可以論昌吉，反之則否。

方先生問，要如何讓額頭氣色明亮，按老沈習相的經驗與心得，可以歸納出下列幾項與你分享：

一、觀念要正確，且保持心情愉快，樂觀正面，由心理交會影響生理，再由量變到質變，額頭氣色自然會亮起來。

二、生活正常，行為端正，生心理健康，精神沒有負面的負擔，額頭氣色不亮也難。

三、養成閱讀習慣，閱讀有助於內在氣性才能的提升，與氣色的培養，久而久之，神定氣足，額頭會發出亮明的光澤。

四、額頭象天，大孝尊親，額頭日月角是父母宮位，按老沈觀人的經驗累積，凡是對父母盡孝者，額頭明亮有彩，反之則否。何以孝能養氣，道理很簡單，父母是天，讓父母高興讓父母以你為榮，父母內心因你而充滿喜悅，這就是天給的祝福，在天人感應下，你的額頭焉能不亮，事業焉能不發旺。

額頭亮不亮，攸關整個家運，只有家和才能萬事興，只有父母這兩尊菩薩照顧好，額頭才會從印堂亮到日月角，再亮到山林驛馬與邊城。所以第四項才是老沈給回應的重中之重！

面相雖不入流，但請別忽略所謂「天人感應」的存在說。

以上回覆方先生的問題，這提問很有正面的意義，謝謝你！

二百一十九、由面相看論會説謊的人

問：請問沈老師，會說謊話的人，面相要從哪裡看論？謝謝！

答：這是個具體的問題，但我給的答案則要以多部位的相理做分析給予答覆。

按老沈刻板的印象，會說謊的人要從以下幾端去做判讀：

一、說起話來眼神飄浮不定，意味內心有鬼，心術不正，所以他說的話不能當真。

二、說話臉上表情特多，語氣忽強忽弱，這種人只講有利於自己的話，所以就會隱藏自己不利的一面。

三、眉毛焦黑如碳，眉丘見不到皮膚，這種眉相者，品德行為不端正，所以不說謊也難。

四、眼瞼長痣，說話語多保留，在顧及他人感受與氛圍下，偶爾會有選擇性的善意謊言。

五、眼白有痣，這眼白痣是說謊的標誌，處在關鍵時刻，話語虛偽不真。

六、上門牙中間，多出了一顆小門牙，說話有時會言過其實。

七、按英國心理學家沙顯研究指出，說話或微笑時，臉部表情僵硬，皮笑肉不笑，且回答問題時，眼睛不經意的眨眼，是為說謊的表徵，此謂之「沙顯理論」。

八、回答話題時，耳根泛紅赤，是內心與話題衝突的反射，這也是說謊相理的一種。

以上符合項次越多，說謊比例越高。

問題回覆完了，容老沈保留另一項眼相符號，謝謝這位不知名的提問者。

二百二十、學習面相的竅門

問：請問老師，我這初學者要如何學習面相學，請問有何要領嗎？

答：這是宜蘭林先生電話中的提問，林說很佩服老沈上課不看講義，系統分明，他問這面相功夫是怎麼學來的？

先不談我無師自通把玩面相三十幾來年，林林總總的過程，老沈願把學習面相的竅門與林先生分享如下：

一、多閱讀面相書籍，不論是文言文古書籍，或是當下市售白話文相書，閱讀中勤記筆記，摘記重點，並於睡前咀嚼體會其要義。

二、多驗證，帶著眼睛與耳朵多看多聽多比較。譬如說：什麼五官形狀會對應什麼疾病，什麼氣色會是什麼疾病，臉上斑痕痣痘痕紋，對應的休咎為何，只有藉由驗證才能記憶深刻。

三、氣色與眼神是最不易搞懂的一環，且最難抓得準，要掌握氣色與眼神，可以採二分法著手，就是觀察成功者之氣色眼神，再比較失敗貧困者之氣色與眼神。或者到醫院看看病人的氣色眼神，再與健康者的氣色做對照，幾回下來，就能精準的分辨氣色強與弱，眼神好與壞。

四、把各部位相理做歸納，別陷入相書深澀文字的五里霧中。簡單的說，就以眼睛相理為例，分析出三個大方向：

1.一曰眼形，眼形以扁細長，對應短圓大。

2.二曰眼神，眼神以足、定、亮、惠為主，反之則是弱、漂、濁、煞。

3.三曰眼氣，眼氣在清朗與黑白分明，反之為黑眼圈氣黯氣耗弱。

眼睛三大方向訂出後，再以分析樹方法，逐條列舉出它相對的休咎與影響層面，或其相對人的相理推測，進而做出推論與反推論。

五、從社會新聞中，用情節結合到面相，或用面相符號追求故事情節。如車禍喪命、婚外情、竊盜強盜、事業成與敗等等，都可以是面相研究的有效樣本。

六、面相是中國神秘文化，它是中國哲學的一個旁系，一般人學相，易懂難精，要入門又入竅，非得閱讀中國哲學思想史不可，因為這些哲學思想史書籍熟讀了，人生生命領域會更寬闊，見識會更高遠廣泛，學習面相就能更精進。

以上是老沈的經驗談，一併作覆林先生的問題，謝謝你這位雲端的粉絲！

二百二十一、從面相望診重肌無力症

問：請問老師，重肌無力症從面相可以望診出來嗎？

答：這是雲端學生的提問，這位棧友知道老沈在台南開了「面相望診健康班」，所以提出這個實務的問題，老沈的答覆如下：

一、重肌無力症者，是面癱的一種，不是眼睛閉眼不張，而是睜眼困難。這病症者，早上起床還能睜開眼睛，但到了下午肌肉疲勞，上眼瞼開始下垂，無力睜開，同時會累及臉部其他肌肉，出現顏面癱瘓的情況。

二、重肌無力症者，不宜過度勞累，過度勞累會隨著肌肉活動時間增長，臉面癱瘓加重，這是其特點。因此，多休息會有改善的空間。

三、按文獻指出，重肌無力症以女生見多，年齡落在20來歲至50

歲區間。前行政院長唐飛先生，患重肌無力症，是為特殊例子。

四、其次，顏面萎縮的病人，也會有單邊眼瞼下垂的眼相，同時臉頰凹陷，嘴唇鬆弛歪斜，這與雙眼瞼下垂之重肌無力症不同，是為兩者的差異性。

面相答客問問題真是多元，謝謝曾小姐的提問，答與問，相得益彰，謝謝妳喔！

二百二十二、面相望診健康——貧血

問：請問，以面相望診健康，貧血要如何看？

答：醫相同源，中醫望診貧血其檢視點有四：

一、翻看眼瞼內側，內眼瞼呈紅色是正常顏色，如果是偏向白色，則為貧血外徵。

二、觀看嘴唇氣色，正常人唇色朱紅，貧血者唇色偏黯黑，如豬肝色澤。

三、察看舌頭色澤，如果舌尖呈現白色，是為貧血的症狀反射。

四、望觀臉上氣色，貧血症狀者，臉部氣色枯槁不透光澤，沒有濕潤感。

以上是老沈對貧血相理特徵的歸納，還請棧上中醫方家賜正，謝謝！

二百二十三、兩頤懸壁長痣之休咎

問：在嘴角外側之臉頰上長了黑痣，請問沈老師，在面相有何獨特的解讀？

答：顴骨下臉頰通稱懸壁，又稱兩頤，這部位是晚年的護衛，護衛著晚年的健康、財帛與人際關係。

兩頤要豐腴，肉要微微鼓起，代表泌尿及內分泌系統運作好，財務情況好，同時意味會有很多要好的晚輩下屬。反之則否。

嘴角外側之兩頤懸壁長痣，按部位的標定，是處在盜匪、上書與歧堂附近，這顆黑痣是懸壁的違章建築，因此可以據以推論之事咎如下：

一、一生中，家裡必遭盜匪宵小光顧一次，因而損物損財。

二、流年58、59歲，會因晚輩幾番借貸，索討無門。

三、因家中遭竊，又被晚輩親友借貸損財、故不得不告官處理，所以這部位被標定為「上書」，不無道理。

四、黑痣近歧堂，又稱歧堂痣，歧堂痣主孤獨與修行，因此這顆痣是意味著，自己已看破世俗紅塵，所以會走入宗教、皈依三寶與修行菩提道之路。

以上回覆台南望診班林小姐的提問。問題雖冷門，但很是具體又實用，謝謝林小姐！

二百二十四、額頭左邊皮質增生微鼓

問：請問沈老師，我一女性友人額頭左邊，皮質增生微鼓，面相要如何理解？

答：這是香港棧友的提問，有關額頭左邊皮質增生微鼓，老沈的解讀如下：

一、如果僅是皮膚微紅腫，鼓出表皮，過幾天後就褪去，意味與媽媽或女上司有著不愉快的衝突。

二、就面相望診健康來說，皮膚小區塊微紅腫，久久不褪，若底部明顯鼓起，色澤呈現灰黑色，且出現血絲，這就要趕緊找皮膚外科就診，因為文獻記載，這是皮膚癌的外徵，不宜不在意它對健康的威脅。

三、我閱讀過的資料，皮膚癌好發部位，多數在頭上髮內或髮際線下，局部會是在頸肩。

　　以上是老沈的見解，只供參考，不為依據。謝謝徐先生給這麼好的題材，也祝福您的好友平安健康。

二百二十五、天倉違章建築主祖產繼承短缺

問：請問，我天倉突出，手術後不時腫脹，會不會有不好的影響？

答：這則問題簡單明確，是位陌生棧友的提問。

老沈給的答覆如下：

一、天倉部位是在眉毛尾上方與髮際線區間，該部位主祖上恆產。

二、天倉相理以可以容下約三指幅以上為佳，代表祖產豐厚；如果低於兩指幅以下，意味祖上無恆產。

三、天倉就字義來說，指的就是父母留給的財產，天倉相理好，沒有如痣、斑、痕與突出的腫塊等之違章建築，象徵可以完整繼承長輩的遺產。反之則否。

四、按面相的解讀，天倉腫瘤手術後不時腫脹，這對祖上恆產的繼承，當然會有影響，其影響的層面在於，往後妳父母留下的遺產，中途會被其他相關人半路攔截。換言之，就是父母遺產妳的應繼承部分，繼承不完全，不完全繼承。須妥善處理。

以上是老沈給陳小姐的回應，請參酌！

二百二十六、鼻中膈長痘對健康和理財的影響

問：請教沈老師一個不是問題的問題，我先生鼻中膈下長痘痘，在面相上是如何解讀？

答：這提問是個問題，怎麼說是不是問題的問題?!

鼻中膈長痘痘，至少牽扯到兩個問題，第一是健康問題，其次是理財問題。

先就健康問題提出我的看法。鼻中膈五臟六腑的對穴在腎臟，當腎腑氣虛產生燥熱，鼻中膈就會長出痘痘。鼻中膈會長痘痘，以男生見常，且是耳朵偏小者居多！這是意味男生腎氣不足，過度勞累，所以會在鼻中膈爆出痘痘。因應之一只有多休息少勞累，過些日子痘痘就會自然消失。

其次就理財來說，鼻子是為財帛宮，鼻準是財倉之一，鼻中膈長痘，表示財倉漏洞，所以預告近期會有大筆金錢的開銷支出。如果鼻子氣色亮，可以不用太在意，如果印堂或鼻樑氣暗，則要做好財務控管，否則會損益不能平衡。

以上是老沈對不是問題的問題給的回覆。供請參酌！

二百二十七、印堂長痘的解讀

問：請問，印堂長痘痘面相的解讀為何？必須要注意哪些問題？

答：要回答這個問題，首先得要認識痘痘是怎麼冒出來的；又痘痘為什麼會冒在印堂部位。

依「有諸內必形之外」的對應道理，當體內五臟六腑氣虛燥熱，就會在它相對的位穴，長出痘痘來。

按娃娃相法，印堂是心肺的對穴，如果過於勞累，睡眠不足，腎水不足以壓抑虛熱之心火，印堂便會冒出痘痘。就男生論，一般以中年人見多。

男生印堂長痘子，需注意的事咎有四：

一、代表先天心肺功能偏弱，後天宜注意心肺的養護保健。

二、印堂主宰人際關係，印堂當下長痘痘，容易引來與長輩上司同僚不愉快的是非爭鬥。

三、印堂是六曜紫氣星位，紫氣長痘痘無非是在提示你，理財投資失利，或可解讀為，應收帳款收不回來。

四、男生印堂長痘子，就男女婚情來說，這是爛桃花的表徵，小心會掉入桃色陷阱。

其次，按倒娃娃相法，印堂是生殖系統的對穴，因此女生印堂長痘痘，這是生理期的反射，也意味她的婦科體質虛寒燥熱，如不調理，更年期是會提早來臨。

以上回答陳小姐一個月前的提問，謝謝！

二百二十八、眉毛稀疏有礙己運

問：請問，眉毛長得很少會影響到那些事咎？為什麼？

答：眉毛很少指的應該是，眉毛稀疏，有關眉稀不濃，在面相的看論有下列幾端：

一、先看論眉毛是否因病態引起的眉毛脫落，如果是，首先推論是肝功能異常，因為眉毛後段是為肝臟反射區，有肝功能異常者，眉毛會脫落。

二、就生心理層面來說，眉毛少到剩下十來根，這是癲瘋病或精神異常者，共通的眉毛相。

三、如果己身是「三輕格局」（註：三輕又稱三清，眉清、鬢清、鬍鬚清，膚色白晰。），眉毛雖是稀淡，但可以看見眉根，眉毛過目。這般眉相是為貴相，但因眉主兄弟宮或稱交友宮，因此，對眉毛稀淡者，會有兩方面的影響，一是兄弟運勢偏弱；其次是，缺乏知心義挺的好友。

四、鼻為財帛，眉為財倉。故，如果本身不屬於「三輕格局」，但眉毛很少，這意味理財能力不佳好，流年51歲前積不了大筆錢財。

五、既然眉後段主肝穴，眉毛稀淡乏眉者，除非眼睛扁細，否則，自我情緒管理是有待加強。相書指出：眉主功名利祿，因此，眉尾乏毛者，難有大成就，與功名無緣，是其道理所在。

六、眉為「保壽官」，眉濃形秀者，健康好，生命力旺。倘有疾病送診，救護車響的鈴是「烏醫！烏醫！（有醫、有醫！）」；反之，若眉毛稀少，主生命力不旺，所以送醫的響鈴聲聽起來好似「末醫！末醫！（沒醫！沒醫！）」。

老沈對本提問，最後的小結語是：相不單論，但對眉毛稀淡的解讀，雖不中亦不遠矣！以上回答陳先生前些天的提問！

二百二十九、太陽穴奸門浮現青筋之休咎

問：請問，眼尾浮現青筋在面相事咎上，有何特別的解讀？願聞其詳！

答：眼尾太陽穴部位稱之為奸門，奸門主男女宮或夫妻宮。

所以可以區分為兩段來論述，一是已婚，二為未婚：

一、已婚：

1. 奸門出現青筋，意味夫妻情感見憂傷，夫妻會因意見相左，生隙不睦。

2. 奸門同時可以觀看配偶健康，如果奸門呈顯青筋或青氣色，表示配偶近期內，健康會出現違和，或意外事件。如果奸門是青筋加斑點，其意外災變會更趨惡劣。

3. 按老沈的實務經驗，凡奸門出現青筋者，倘其人有婚外情，這青筋就是在提示，婚外情終會被配偶揭穿。

4. 奸門為肝穴反射區，奸門青筋者，在青筋浮現當下，會有莫名的大脾氣，因此，只要奸門出現青筋，夫妻之間鬥嘴難免，宜小心避免衝突。

二、未婚：

1. 未婚情侶其一，奸門有著明顯的青筋，兩情生變，會以分手做收場。

2. 眼尾青筋也可以解讀，雙方戀情，有第三者介入；至於誰是無辜的受害者，這就得要從眼睛的神與氣做研判，通常眼神耗弱或濁者，無非都是情場的失敗者。因為眼神耗弱或濁，天生就是難享正常婚姻的眼相。

以上回答半年前棧友提出的問題！

※有關男女婚情大小細節，盡收納《面相筆記》夫妻宮位條則中，如想進一部瞭解對應休咎，請翻閱該筆記講授內容！

二百三十、山根低陷之健康問題與保養

問：想請問您書上說：「山根低陷肺心偏弱。」為什麼？如果是小孩，請問要如何去保養這個部分，山根會再長高嗎？

答：醫相同源，強調著五臟與五官，互為表理。

心臟的反射對穴區在山根，山根低或窄，意味心臟功能先天偏弱，因為心臟功能不強，中晚年會有心律不整現象，故當血液無法藉由心臟的壓縮，送達到全身各部位時，肺部會增加運作量，協助心臟將血液傳輸至四肢末梢。因此，山根低窄者，年老除了心臟功能會提早退化，肺部也會因缺氧，不自覺地乾咳，嚴重者還會出現氣喘。

以面相望診自我健康，無非在提供「早知道」，當知道自己健康之弱點，落在何處時，那麼解決途逕，只有尋求醫師治療，還有靠自己經常性的運動，並注意飲食與生活規律及保健。

另外，小孩未達16歲之齡前，五官長相還會變化；其次，心臟功能弱者，性忌驚嚇，所以家庭要歡樂，充滿歡樂的家庭，患心肺疾病之機率，相對是會少。

以上是老沈習相之心得與實務，願見覆於林小姐的提問，同時公諸於世，讓大家知道，面相是具有科學理論根據的一門學問。

面相好好玩！最後，敬祝大家平安健康！

二百三十一、美人尖與額頭岔之區別

問：美人尖與額頭岔兩者如何區別？可否請沈老師解析之，謝謝您！

答：提問者是位面相初學者，這問題我用兩相比較的方式給回應：

一、兩者都是髮際線不平整，只是美人尖者，髮尖僅是一個，且通常是長在額頭髮際線中央；至於額頭岔，則是有兩個大小不一的雙髮尖，在雙髮尖中間髮際又有內縮的髮漩，好似額頭髮際分叉，故名額頭岔，或稱額頭叉。

二、不論美人尖或額頭岔，都主剋上刑己。剋上指的是，傷剋父母健康、事業與婚情，刑己則是刑傷到自己年輕的運勢，導致自己的年少多波，諸如：求學路程受阻、叛逆抗上、缺乏長上貴人緣等。但是，額頭岔負面影響力道，卻是大大的超過美人尖。舉例來說，額頭岔者與父母長親緣薄，職場上未能得長官上司提拔照顧與升遷；另外，額頭岔者且婚情不順，尤甚於美人尖。

三、就生理問題來說，美人尖與額頭岔者，共通點是，兩者二十八歲前都會有偏頭痛的暗疾。

四、不論是美人尖或額頭岔，都不宜早婚，早婚婚姻不美好。男生額頭岔，是為雙妻命，且會賣盡祖產，16、19、22、25、28歲這些流年，恐還會有牢獄之災。

以上是美人尖與額頭岔，兩者殊異之比較分析，老沈藉答客問貼文，回應李小姐昨天的提問！請參酌，謝謝！

二百三十二、心肌梗塞面相特徵

問：今日新聞報導，「孩子的書房」創辦人年55歲的陳爸爸，昨天心肌梗塞往生，可否請沈老師講解心肌梗塞面相特徵，謝謝！

答：面相是實體論命，面相可以望診健康，因為五臟六腑與五官互為表裡，當生心理出現疾病，它會反射在臉上相對的位穴上，所謂「有物有則，物則相應。」道理至明。

心肌梗塞的患者，臉上是存在著特徵與符號，可惜多數人不懂面相望診健康的常識，因此，就任由猝死遺憾，一再發生，殊為惋惜！

以面相望診心肌梗塞，先前，老沈不次第的用面相文章，揭開過它神秘面紗，今天適棧友提問，我這就再的做詳細的說明如下：

一、心肌梗塞皆因血管粥乳狀硬化而來，血管粥乳化它不是一天所造成的，是血管阻塞經年，由量變到質變。基本上，血管阻塞的量變數，會記錄在印堂、山根與耳垂上。

二、當我們的血管漸經阻塞，微血管會因血液供給不足，所以末梢微血管會逐漸硬化並萎縮，這就是血管硬化或粥乳狀硬化的結果，因此，它會在印堂出現直紋，在耳垂出現皺摺斜紋，最後，還會在山根出現橫紋。

三、當印堂、耳垂、山根，出現直、斜、橫等三種紋路時，這已明白的在告訴你，心血管病變在即，你得要在意病變會隨時發生。

四、另外，中風或心肌梗塞病發前，耳朵還會先通風報訊，它的訊息就寫在耳朵下半部。如果你耳朵下半部，出現明顯的青筋，青筋就如同蚯蚓似的，這是中風、心肌梗塞、主動脈剝離的前兆，如果你忽略了這些符號所透露出的訊息，小心你會是下一個遺憾受害者。

五、山根是心臟對穴部位，凡是山根低陷或偏窄者，意表先天心臟功能不足，有這山根相理者，是心肌梗塞的好發族，得在

　　意心臟會當機，冬天或氣候變化氣溫驟降時更要特別注意！
這是則實用性的提問，老沈就回答到此，謝謝潘小姐的提問！

二百三十三、右顴骨雙痣之休咎

問：請問，女生右顴骨長了兩顆痣，這兩顆痣對應休咎為何？可給詳
　　細的解說嗎？

答：好問題，因為顴骨雙痣在一般相書裡，眾說紛云，不一而足，這
　　問題恰巧讓老沈有說明的空間。

　　有關右顴骨雙痣之休咎，老沈的見解如下：

一、依面相六府的部位分類，顴骨是為中府，也稱為人府。主權
　　柄，是中年46與47歲流年運所在。

二、顴骨長痣，意味著流年來到45歲至48歲時，權力與金錢會遭
　　受阻擋，所謂的阻擋，諸如是，同業暗中進讒言、同事工作
　　排擠、投資理財失利、朋友借貸不還錢、被拔官等等。

三、顴骨痣相，也可以對應在男女情感上。顴骨痣者，意表自己
　　喜歡的對象，父母會反對；又，女生痣在右，會有奪愛她人
　　情人之事；倘痣在左，則是自己的戀人被別人所奪。據此而
　　論，女生右顴骨雙痣，更趨近橫刀奪愛。

四、一般相書痣相篇，有關顴骨痣的標記，主凶主淫破，這樣的
　　說法只有對一半，因為中年損財破業，基本上成立，但淫破
　　這一項未必成立；以顴骨痣論淫蕩或淫破，只是見樹不見
　　林，或以偏概全。按老沈教學與實務經驗，論男女婚情包
　　括淫破乙節，都得回歸到「面相神秘十字帶」去找存在的要

　件。

五、女生右顴骨長痣，也可以解讀為，常受長輩央託而困擾不
　　已；如果痣在左邊，則是為晚輩拜託辦事而煩惱。

六、最後就健康來說，顴骨痣者肩膀也有痣，這痣在示意會有肩
　　膀酸痛的問題。如果這兩顆痣靠近鼻子，則是肝膽結石的症
　　癥。

　好玩，面相好好玩！以上是我對右顴骨雙痣整體的回覆，謝謝林
小姐的提問，妳可別對號入座了！

二百三十四、顴骨斑與兩頤斑之異同

問：請問，兩頤懸壁長斑，與顴骨長斑可以同論嗎？

答：這個問題看似簡單，好像沒有差別，但其實解題的方式，各有殊
　　同之處。

　　首先說相同的。兩頤懸壁與顴骨長斑，其原因都是喜歡吃甜食所
致。

　　舉例來說，早期歐美經濟富裕，糖的使用量高，多數小孩臉上佈
滿著雀斑。就實務面說，老沈驗證諸多臉上長細斑者，他們的飲食習
慣大都是甜食見常。

　　面相其實是在研究人際關係，人際關係好，追求富貴賢達易，反
之則否。

　　因此，就顴骨斑與臉頰兩頤斑的差別論述，最大的不同在於顴骨
斑位處中停，中停是為人府，是31歲至51歲流年位，其相對人際關係
在於，與同輩關係牽引出的是是非非。這同輩指的是朋友、兄弟、夫

妻、同事與同行者。

　　臉顴骨是為權柄，故顴骨長斑，權柄會因上列人際關係的運作下，損權損財於中年，質言之，就是事業遇挫。

　　至於懸壁兩頤的斑，位在下停，下停主地，流年以51歲起算直到不想呼吸為界，故其人際關係對應在子女、媳婿、部屬與晚輩親屬等。

　　下停兩頤長斑，晚年必受這些卑親或僚屬所欺，諸如借貸、央託，以至讓自己的晚年頻頻不安，無法平靜的頤養天年。可見兩頤斑對晚運而言，是不折不扣的絆腳石。

　　以上是老沈對顴骨斑與兩頤斑的差別說明。同時回應台北游小姐的問題。感謝游小姐長期給本棧的支持，還祈請您這位方家匡闕指漏！

二百三十五、懸壁長痣與顴骨痣不同論

問：請問，嘴角外側懸壁長痣，要如何解讀這顆痣相？是否與顴骨痣同論？

答：懸壁兩頤的痣相，與顴骨痣論法完全不同。因為兩頤已進入晚年下停部位，故兩頤懸壁痣，大多是與晚年或晚輩給的困擾相關。

　　嘴角外側法令紋外之痣，稱為歧堂痣、盜匪、上書。按相書的註記，歧堂痣是宗教信仰的痣，富有宗教情懷，易走入靈修之路；再偏外是為盜匪痣，主這一輩子家中會被宵小光顧至少一次以上，因為被宵小入侵損財，要告官處理，故名上書。換言之，是官非訴訟要到衙門作筆錄的意思。

又，嘴角外側位在下停，下停主晚年，也主晚輩，所以只要痣在懸壁，都可推論受到晚輩央託求助的困擾，流年就是落在58、59歲期間。

盜匪痣這58、59歲的事咎，還包括晚輩借貸，卻是無力償還，最後又得寫狀上書之意。

以上是我對嘴角法令外側痣相的分析，也許有更好更多的解讀，祈請面相方家共同探索，至盼為禱！謝謝李小姐的提問！

二百三十六、喋喋不休晚年家道必見蹇困

問：請問，老師上課影片說：女生喋喋不休，流年入56歲至64歲家業會見晦不興？為什麼？

答：人之外在行為，會透露己身的氣性才能，老沈常說：觀其外而知其內，察其行而知其性，故福與禍，貴與賤，盡顯其中，就寫在嘴巴是也。所以相術家說：「水星（嘴巴）是造話之權，福禍之柄。」這樣立論說法，真實不虛。

何以喋喋不休的人，流年56歲至64歲家道不興，頹敗不昌，老沈的見解歸納如下：

一、水星位居下停中央，水星嘴巴是動態的，不是靜態的，因此，受水星嘴巴牽動的流年，是為56歲至64歲。

二、水星（嘴巴）既是造話之權，福禍之柄。所謂：口開傷元氣，舌動是非生，所以管好自己的嘴巴，學會適時沉默，這樣才能守得住福氣。否則，在言多必失下，雖不惹事也會碰上「岳飛打張飛」，打得是非滿天飛！

三、喋喋不休者，無非是個性使然，與智慧的反射，簡單的說，沒有大智慧，又沉不住氣；心中只有我，卻忘了還有他人的存在，所以喋喋不休，說話漫無重點，更嚴重的，還會謾罵無常，形成嘴賤，因此我們說，嘴巴賤，再大的福氣也會溜掉。

四、喋喋不休的人，人際關係不好。因為妳的親人可以整天被疲勞轟炸，但妳的朋友、同事、客戶，可以選擇不想聽，不要聽，與妳保持距離，不接受語言垃圾。試問喋喋不休的人，人際關係會既寬且深嗎？如果會那才怪呢！所以說，沉默是金，不是沒道理的；故管住了自己的嘴巴，就等於守住自己的福運。

　　嘴巴是造化之權！老沈僅能說：話多不如話少，話少不如好；嘴巴喋喋不休的女人，先生不成材，家道晚年必見蹇困，不言可喻。女人如是，男生亦適論之！

　　以上回答雲端生的提問，謝謝您！

二百三十七、命門及兩頰長黑斑主血管萎縮

問：請問沈老師，面頰兩側耳朵命門以下長斑點，面相要如何做解讀？又如何推斷其生命壽考？

答：這提問是個健康的問題，我們就以健康生理方向來做解說，老沈的分析如下：

一、命門以至兩頰出現黑色斑點，這是生理老化的現象，通常是上了年紀的長者，才會出現這樣的斑點。

二、何以上了年紀臉上會出現斑點，其實道理很簡單，是因為微血管阻塞，血液循環不佳，所以部分血管硬化或萎縮，才會出現這些斑點。且臉上有斑點，在身體上包括手臂，同時也會出現斑點。

三、問題來了，如果年齡未進入六、七十歲，命門臉頰早已長出黑色的斑斑點點，意味身心兩疲，是勞累過度的表徵，如農工階層或生活貧困者見常；又，年齡邁入八、九十歲，耳朵前側之命門以至兩頰，仍是清朗無斑，這代表老人家生活安逸無憂，且懂得養生之道，所以臉上見不到黑色斑點，以事業有成或高官顯要最為常見（郭董除外），或修心養性到家的耆老為多。

四、以面相望診健康作論，臉頰出現黑斑，是膽固醇累積過多，與血脂肪過高，造成血管末梢阻塞所致，因此，從這角度再論，這是心血管疾病的高風險族群之一。

五、在老沈觀相實務中，若黑色斑點，佈滿了整個命門與臉頰，其生命餘年壽考之臆斷，則以耳朵氣色與眼神看論，耳朵氣色黃明，眼神聚焦不脫，餘年約是二至三年許，倘若耳朵成臘青色，眼神視脫無根，生命餘年頂多是一、二個月。

　　以上是老沈的回覆，謝謝游小姐的提問，同時，感謝游小姐長期來對面相棧的肯定！

二百三十八、女生臉上有粗直紋的婚情解析

問：請問老師，如果女生臉上有粗直紋的話，就可以斷定這個人不是元配嗎？

答：面相無奇不有的問題，隨著來自各方的提問，創發多元的答客問，同時也豐富了諸多面相的內容。

　　問者問道：女生臉上有粗直紋的話，就斷定她不是原配嗎？

　　回答這問題前，我們得要先界定何謂「粗直紋」。

　　粗直紋係指：紋路開頭並沒碰觸鼻翼勾陳，由嘴角外上延伸至嘴角下邊的法令紋，又稱之為粗直紋。

　　女生具有粗直紋，主婚姻不幸福。至於，女生粗直紋是否就是非元配之相，這要從三方面說明：

　　一、粗直紋壓嘴角，是非元配之相，或者說，是二度婚姻之相。

　　二、如果粗直紋僅是單一，且紋路沒壓嘴角，這只能說難享正常婚情生活，並不能論她是非元配之相。

　　三、如果嘴角邊呈現多條粗直紋，只要其中之一紋路，壓著嘴角，就可以大膽推斷婚姻失利，是再婚且非元配之紋相。

　　面相是門以符號解讀命運之學，每個人的臉上符號未必相同，不同符號的組合，就牽引出殊異的命運造化。如果我們能釐清符號的小細節，就能精準掌握生命曲線的走向，粗直紋就是很好的例子。

　　以上回答雲端洪小姐的提問！

二百三十九、細説「福德宮」

問：請問老師，有人說「福德宮」在額頭兩側，但有人說在下巴兩側的臉頰，想請問老師正確是在哪裡？

答：這問題，讓老沈小題中做，說個清楚如下：

首先我們先釐清福德宮所在部位。多數相書把福德宮訂位居眉毛上方含天倉部位，即眉稜骨上面；但也有相書把它訂位在額頭兩側，如太清神鑑是也。

兩者我都認同，因為廣義的福德宮，不僅是額頭兩側，而是指整個額頭，包括髮際線。

好的福德宮相理，要具備額頭豐滿、高隆、表皮平滑，加上地庫豐滿相互朝揖，外形無破陷，氣色宜黃明潤亮，忌灰濛枯暗。主祖上福澤、己身德行。

從以上的界定，大概就知道，我們通說的福德宮，是在額頭兩側無誤。這是先天的福德論述所在。

至於陳先生提到有人說，福德宮在下巴兩側的臉頰，是否是正確的位置。這樣的說法，我還第一回聽到，因為在文獻裡，並沒有見過這樣的論說。

但有一點是可以連結的，那是骨相是為天生，氣色是為後造，從面相看論福德，骨相固然重要，氣色更不可忽略。骨相是先祖給的德澤，先祖德澤好，兒孫額相佳好無瑕；氣色是自我心造，心存仁厚，福高德重，臉上氣色，自有瑩光亮澤。

又，能心存仁厚，福高德重者，除氣色外，還能反應在下巴兩側的臉頰上，兩側的臉頰豐腴者，凡事看得開，與人為善，樂觀豁達，這般的個性，雖未必造福，但至少不會造惡業，何嘗不是另類的福德表現。

不單一論相。按面相實務經驗，要談福德宮，除骨相、氣色外，還得回歸到眼神。沒有眼神清正而福薄者，也沒有眼濁而德高者，所

以，眼神才是福德宮關鍵所在。

　　以上回應陳先生的提問。謝謝陳先生，祝父親節快樂！

二百四十、矯正內弓牙可以改善腰酸背痛

問：請問，內弓牙者何以矯正牙齒後，會改善腰酸背痛？

答：這是昨天老沈發表內弓牙相譜一文後，衍伸出來的問題。內弓牙相譜文字釋說裡，限於篇幅，我並沒進一步指出，只要是內弓牙，中晚年必會引發腰酸背痛暗疾。適邱小姐追著續問，謹此作覆。

　　面相的探索，迴異於魔鏡與水晶球。何以內弓牙在生理運作下，容易出現腰酸背痛症狀，這問題，說穿了就不值錢，但老沈忠於面相真理一方，還是要把原因說出來：

　　　　一、人中是百穴之匯沖，人中相對位穴就在脊椎尾椎骨節上，因為上下門牙正常的咀嚼或扣牙下，上牙床會自動刺激到人中溝穴，所以這一經常性的生理刺激，會讓尾椎骨節更健康，不會產生莫名的酸痛。

　　　　二、上牙床門牙著位不正，才形成內弓牙或外弓牙，這類型牙齒相者，都不是健康或是長壽的齒相，因為內弓牙者牙床異位，牙根因無法正常或完全的刺激人中到穴位，脊椎尾端會提早退化，所以腰酸背痛症狀便會報到。

　　基於上述理由，所以老沈才給王小姐留言，矯正牙齒可以適度改善腰酸背痛的症狀。本詮釋，同時也回覆邱小姐打破砂鍋式的提問。

　　揭開面相神秘的面紗，謝謝大家的提問！

二百四十一、命理師或對命理有興趣之特徵

問：請問，對命理有興趣者或命理師，其面相有哪些特別的符號可以借鏡？

答：這是一道實務的提問，但沒有一致的標準答案。老沈只能依個人有限的認知，及觀察經驗，說明答覆。

按相書所指，富有宗教哲學靈異體質者，通常是額頭破陷者；又，在蕭湘居士教學影帶中也提過，額頭相理不佳者，不宜陽性職業，以陰性行業為佳。

所謂額頭破陷，指的是額四破，一破額頭低窄，二破額頭受傷，三破髮際陷不平整，四破額骨奇異或凹陷不平。具備這四破其一者，基本上有追新求異，抗世嫉俗的情懷，所以容易走入宗教哲學命理研究或宗教修行。

其次，在相書文獻記載，額傷或痣，落在額頭當陽如司空、天庭、中正與印堂者，天生帶有靈異體質，第六感特別靈敏，適合命理探索研究。

從以上這些論點，可以梗概的歸納出，凡是額四破得其一者，個性叛逆，抗世情懷，不適合科層組織之陽性職業，宜從事沒長官沒部屬，如藝文創作、影歌星、宗教神職、命理探索等行業，換言之，這類額相者，從事陰性行業反而可以異路財榮。

有趣！拜臉書雲端之賜，老沈幾回進入臉書命理網群，一一對當代這些命理從業人員與通靈人士，相片比對歸納結果發現，竟有百分之八十左右，都有所謂額四破之額相。

面相是邏輯歸納之經驗法則，也是門統計學。對照於文獻與驗證於實務，鑒之蕭湘居士額相，髮際不平與日月角高低不一，四破帶兩破，位居命理大師；鏡之在己，老沈額兩度受傷，是一破再破，權充半下流異士。

頃刻回答客問，悟覺不是命運好好玩，而是面相好好玩！

　　以上回覆好友羅先生的問題；同時聲明，本答客問純是個人心得分享，還請諸命理先進方家，包涵賜正為荷！

二百四十二、耳朵長毫者之健康診論

問：請問，耳朵長毫在面相診論健康上作何解讀？謝謝您！

答：當人的生理變化，面相也會隨之變化，健康衰退滑落，多會在臉上相對部位出現符號，如斑、紋、痣、痕、痘、氣色、毛髮增減等。

　　張先生問，耳朵長毫在健康的解讀為何？老沈的答覆如下：

一、腎臟開竅於耳朵，因此耳朵風門長毫，可以解讀為腎氣腎水足，耳風門才會長出數十根，甚至一欉色澤亮的耳毫。

二、耳毫就如同眉毫一樣，是長壽的表徵，按相書說，一毫增壽三至五年，多毫是意味健康，因此，若耳毫眉毫俱有，代表是既健康又長壽。

三、但這裡有個例外是，耳毫不生在風門，而是長在耳背耳廓上，這樣的耳毫不可論健康，更不是長壽之相，按醫學文獻說，這是高血脂與高膽固醇瘀積的反射，是心血管疾病的外徵。不能不察。

　　以上是老沈給的回應，謝謝張先生留言提問，祝福大家平安健康！

二百四十三、揚眉與劍眉比較與分析

問：沈老師相譜貼文說到揚眉，請問揚眉與劍眉如何區分？又，兩者休咎解讀有何差異性？

答：這是揚眉相譜在方小姐留言後，棧友古小姐的續問。容先申謝！面相答客問內容得以創新又多元，都來自棧友們窮追不捨的提問，老沈才有借題發揮的機會。

　　有關揚眉與劍眉（或稱刀劍眉）眉形的辨別在，揚眉眉形仰上至三分之二眉峰處，往下曲折眉尾聚且過目；至於劍眉之眉形，是由眉頭仰角斜上，直沖衝額頭側邊之山林驛馬，眉峰並為彎下朝眼尾彎曲，其眉形如刀劍一般，故名劍眉或稱為刀劍眉。

　　揚眉與劍眉眉形殊異，個性大不相同，休咎論述與所謂的命運走向，當然不能同命共運而語。

　　揚眉者，生性聰敏過人，文采橫溢，理性大於感性，能隨機應變，動靜自如，所以能得貴人相助，主年少發貴，中年守成。

　　然而劍眉者，其性如火，企圖心特大，個性剛毅，不服輸，只知激進，不易妥協。因此，劍眉者年輕雖能志得意滿，意氣風發，但英雄氣短，年入41歲進入中年金木流年，火氣漸衰，所以劍眉者，往往困在中年，孤寂在晚年。

　　兩者休咎差異很大，其實這與肝功能息息相關。

　　按中醫指出，眉尾為肝穴，肝主脾氣個性。揚眉者眉尾彎下，眉毛尾聚過目，代表肝功能運作正常，情緒穩定，不易動怒；劍眉者眉尾朝上，肝功能運作異常，脾氣不穩，個性激進，好勝不服輸。兩相比較下，揚眉者的成就會勝過劍眉者。

　　以上是老沈對本提問提出的比較與分析，純屬個人的見解，如有小瑕疵或不周全之處，還請相術界先進賜正補缺！

　　謝謝古小姐的提問！

二百四十四、整型繡眉或點痣不如從革心做起

問：好奇一問，繡眉、漂眉可以改善面相嗎？還是算破相？

答：回覆這提問前，首先得感謝「五術靈修分享園地」臉書社團陳版主，不次地分享老沈面相棧文章。在命理界裡，少有如陳版主之胸懷者，著實讓末學敬佩，銘感五內。

本提問摘自「五術靈修分享園地」臉書社團，艾先生的留言之問，老沈毛遂自薦回覆該問題，在取得陳版主與艾先生同意下，就容我以面相有限之認識，厥詞以對。

繡眉、漂眉可以改善面相嗎？我的見解是，面相只要動到外力整型美容，包括紋繡眉、漂眉，都是破相的一種。既是破相那又哪來的轉運？何況未必每個整型或紋繡眉工作者，人人都懂得面相，如果渠等工作者，在不懂相理下，所呈現的「作品」真能讓你的運勢趨吉避凶嗎？

雖然說，美麗可以增加自信心，紋繡眉算是追求美麗的途徑之一。但是，倘若、如果紋繡眉毛結果比不紋眉還來得糟糕，若再來漂眉，那真的是好運未臻，霉運已現，那又該如何善了？所以，老沈從不鼓勵眉疏亂斷者，輕易繡眉。

我的觀點是，要改變所謂的運，要從內心觀念，自悟自省，給自己許下一個改變的期許，進而自我實踐，才是改變命運的根本。簡言之，整型、繡眉或點痣，改善面相不如從革心做起。

心與眼相繫，心念正了，眼睛明亮，眼神定正；心念不正，眼濁神偏。按面相實務歸納，沒有眼濁神偏者，能擁有所謂的富貴命，倒是那些功成名就者，其方寸之眼，無不是神定、神足、神惠。所以說，有善目者，必是有一對華蓋慈眉，因為內心的修為，確定能讓眉相局部的改善。

按，眉毛後半段是為肝臟對穴，老沈恆信修為可改善眉相。相書說：相隨心生，運隨心轉，福禍無門，惟人自召。對應在眉毛後天相

理會改變，理論與實務兩相吻合。

　　以上是末學老沈，充當廖化、毛遂，回應艾先生的提問。敬祈命理先進陳添賜老師與艾先生指正。謝謝！

二百四十五、黑氣侵印之解讀

問：我想知道，為什麼有人印堂如抹了一層黑灰色，面相要如何科學解讀對應事咎；又，要如何改變？謝謝您！

答：印堂在佛家來說，稱它為天眼，是智慧之窗所在。

　　印堂氣色以黃明潤亮為佳吉，如果是黑灰氣色，又稱之為「黑氣侵印」，是凶兆之相。

　　在回答印堂黑灰氣色前，我們得先要明白印堂主要看論要項為何。

　　印堂看論要項有以下幾項：健康、心性、人際關係、事業、婚情，還有居家祖墳風水等。凡印堂氣色黯黑者，以上的看論事項都以劣運論處之。

　　據老沈所瞭解，黑氣色侵印堂一般的原因有四：一、自己本身卡陰或邪靈，二、居家環境在墳墓附近，三、祖墳出了問題，四、皮膚癌病變。

　　有關第四點皮膚病變，可以從醫學上得到驗證；其他三點也許就要歸類在神秘玄學領域，去探討其存在與否。

　　面相是老祖宗以無數生活經驗，機制類比歸納出來的智慧，雖然仍存在諸多盲點，無法完全科學論證，但是就所謂「黑氣侵印」一節，依老沈在實務驗證案例中，卻是言十而中八九。這點到目前為

止，我也無法用知其然及其所以然，去掀起它神秘的面紗。

　　至於要如何改變「黑氣侵印」之劣氣色，通常大家會說，一命二運三風水，四積陰德五讀書，我的看法則是，生活正常，多讀書，心存善念少做孽，才是趨吉避凶的一劑良方。

　　以上回答黃先生的問題，也許有更好的回覆答案，還請大家惠賜看法與見解。

二百四十六、眼珠瞳仁大小與明亮程度分析

問：仔細觀察，每個人的眼珠，瞳仁明亮程度都不一樣，包括大小，實務運用中做何解釋？謝謝！

答：提問者是位面相命理方家，所以能提出這麼精要的問題。

　　面相有十分，眼睛居五、六分。看論眼睛不外以形、神、氣入手。提問者問：每個人的眼珠、瞳仁明亮程度都不一樣，包括大小，實務運用中做何解釋？依老沈個人的實務驗證見解如下：

　　眼睛除了是父親精氣神的遺傳外，絕大多數是反應母親懷孕時的心理情緒，母親受孕懷胎至分娩，如果情緒穩定，心情愉悅，多半小嬰的眼形大小對稱，珠睛分明。

　　如果，母親懷孕當下，受到冤屈不平的對待，如精神或語言暴力，所生嬰兒眼形除了會有大小外，眼珠黑白不分，缺少一股靈秀之氣。

　　所以說，眼睛的形、神、氣，多半是由母親賜給的。是為先天的眼相。

　　實務上，眼睛之眼形不容易改變，倒是眼神與眼氣會隨著心境、

健康而改變。

當一個人身心兩怡，瞳仁是亮的，眼氣是清朗的；反之，其人身心疲憊，如事業失利，婚情挫折，直接的反射點，就是在眼睛，這便是後天眼相。所以西方學者愛默生說：「眼睛會說話，眼睛所說的話，是世界共通的語言。」

其次，如果我們再進一步的探討，眼睛瞳仁明亮度的差異性為何？究其根本，是生理與心理交會運作下的反射。

就生理來說，不論男女，眼睛水分過與不及，瞳仁不聚焦，一臉精氣神不足的眼相，病兆在下消腎臟生殖系統。舉例來說，男生腎虧，女生子宮感染卵巢病變，眼睛水分會明顯過或不及。

就心理而言，當長期處在高度壓力或恐懼下，他的眼珠外眶會出現藍色環狀，或是眼珠混濁，根本看不到瞳孔。

眼形對稱，珠睛分明，眼氣清朗者，可以論昌吉；反之，大小眼、珠睛烏濁，眼氣不明者，則推定為凶晦。

以上是老沈實務驗證的心得，願與提問者及棧友共同分享！

二百四十七、眉毛稀疏人際與理財不佳

問：請問，眉毛稀疏是不是六親緣薄？謝謝，急需回答。

答：「眉毛稀疏是不是六親緣薄」這一問題，老沈在臉書社團文章，與拙作的書籍內容裡，多次著墨，做了不少篇幅的解說與分析，只要看過臉書文章或我的書籍者，應該都會很清楚知道，眉毛稀疏的對應休咎，其中包括，眉毛稀疏何以是六親緣薄，都有明白的解說。

　　問者急急如律令，請求老沈立即給回覆，老沈驚驚，老生怕怕，在不傷情誼下，問題晾了三天，今晚就給個回覆如下：

　　一、眉毛稀疏是生心理遺傳的一種，大半責任歸在爸爸，當爸爸酗酒成性，或經常性的發怒發飆，其子女多數眉毛不秀，眉毛以稀疏散亂見常。

　　二、眉毛是兄弟姐妹的宮位，從眉毛的優與劣，可以推測出手足的婚情及事業狀況。眉毛稀疏者，大多數會傷剋在手足的婚情與事業，簡言之，就是兄弟姐妹難有傑出的表現。

　　三、眉毛稀疏論在自己，主情緒不穩定，做事沒計劃，缺乏理財能力，一生中會多次，被手足或損友倒債。相書說：「眉者鼻之根，鼻為財庫，眉為倉。」因此，眉疏者流年51歲前財不入倉；面相文獻指出「眉散財散」、「眉疏不聚財」，其道理在此。

　　四、探索人際關係是面相的一環。眉毛稀疏者、己身乏財，沒有大積蓄，個性偏向自利自我；兄弟手足沒成就，日子難過；所交朋友不是損友，就是窮鬼。因此，六親緣薄的真正關鍵，在於錢財兩字，俗諺：「富在深山有遠親，貧在鬧市無近鄰。」足見，錢與情兩相依存。

　　五、反向論述，眉毛秀麗，眉尾尾聚又過目者，一般情緒穩定、做事深思熟慮，理性冷靜，所以有這般眉相者，損友少益友多，手足相對事業有成，且又很懂得理財規劃，故財倉豐富，沒有寅吃卯糧之窘困。既然有了小康小富，且懂得關懷六親，試問，他豈會怨嘆六親無情，又何來六親緣薄？兩相對照，說穿了，就是錢在做人，這也是社會的現實。

　　急需回答？老沈就回答到此，希望這則回答不是夏蟲語冰，對牛彈琴！

二百四十八、眼睛呈三白者眼神強弱解析

問：三白眼的人個性較強勢，請問，若眼睛無神，是否會減弱個性的強度？

答：眼睛能反映個性，眼神銳利，毅力過人，個性強悍；眼神柔和，心地善良，個性溫和；反之，眼睛無神，則胸無大志，個性強悍不起來。

一般三白眼的人，個性歸類不外是固執己見，不易溝通，獨來獨往，不畏強權。如果眼神越是銳利，上述現象越是明顯，反之，眼睛無神或耗弱，個性大概會傾向隨波逐流，懦弱無能。

但是凡眼睛呈三白者，不論眼神強或眼神弱，都須在意婚情的經營，與人身安全的防範。這幾乎是一則面相的鐵則定律。

以上回應棧友留言的提問，問者是一方行家，還請匡闕補漏。謝謝！

二百四十九、地閣出現黑氣色之相理解析

問：我是三個子女的媽媽，近年發現，地閣部位出現黑氣色，可以請沈老師解惑嗎？謝謝！

答：氣色是為後天相，氣色主該一定期間內之休咎。

就甘小姐所指的，暗黑氣色在地閣，因此，我們就得先要明白，地閣在面相上的觀論事項。

按相書通說，地閣觀論事項有：子女、部屬、鄰居、居家環境、晚年健康與財運等等。

　　地閣相理以寬闊、厚實、骨朝、氣色明潤、無斑紋痣痘痕為上相。甘小姐地閣相理極佳，美玉瑕疵，是有小小面積的黑氣色，這黑氣色老沈能給的解讀如下幾端：

　　一、就子女而言，近期常為子女憂心操勞；就下屬來說，下屬能力不足，工作無法勝任。這兩者還須費盡心思做教育引導。

　　二、就居家環境探索，黑氣色侵襲地閣，意味居家後院穢氣匯集，諸如垃圾桶、污水漕、會有廢棄物污染堆積，在氣場互相影響的效力下，致地閣氣暗。

　　三、就晚年健康看論，地閣氣暗，局部反射己身晚年健康，容易有慢性疾病如三高與心血管等問題。

　　四、就晚年財運臆測，會為子女索討輸財，或為下屬解囊相助，簡言之，財物流失於無形。

　　以上是老沈對甘小姐提問，給的四項歸納與回覆。前提是，如果地閣黑暗氣色沒消失的話，這四項休咎都有可能已經發生、正在發生或將發生。

　　老天慈悲，還好甘小姐地閣骨相佳好，所以縱使不幸而言中，至少可以減半再減半論處。惟仍請小心謹慎處理為要，避免不幸發生！

二百五十、白眼球長黑痣之相理解析

問：請問沈老師，白眼球長黑痣，面相如何解讀這眼白痣？謝謝您！

答：白眼球長痣，是個很特殊的面相符號；拙作《面相解密》（2013）第132頁，眼相篇第三十七則，摘錄內容如下：

答：「眼白痣者，主聰明，但難以聚財，婚姻不美滿，有不良嗜好，譬如說謊、善辯等，四十歲前不發。」

從這條則裡，可以洞觀它有幾個重點：

一、靈巧聰明，機智多謀，四十歲前不發，發貴於四十一歲後。

二、婚姻不美滿，離婚或者說是難享正常婚姻生活之痣相。

三、有不良嗜好，如說謊成性、詞令善辯等。

舉例說，我們認識的公眾人物裡，如港星潘〇紫小姐，左眼白長痣，離婚在38歲，40歲來台演出《一代女皇》電視連續劇，從此發貴發旺，倒也契合。至於潘會不會說謊，老沈則從未見聞這方面的八卦。

另外，還有位名政治人物，眼白雙痣，其事咎是否就落在老沈摘錄條則的框框裡，因老沈從不臧否時政，所以就留給大家一個遐想空間吧！

以上見覆，謝謝提問！

二百五十一、九種不佳眼神之相理分析

問：天地以日月為明，人身以兩眼為光；可以請老師分析眼神相理嗎？謝謝！

答：天重日月，人中兩眼。看論眼睛，當以形、神、氣細項分析，其中又以眼神為眼睛重中之重。

論眼神，基本上要以神足、神亮、神定、神惠為上相，違反這四大要點者，都屬於不合格的眼神。

哪些眼神是屬於不佳眼神，老沈舉例說明如下：

一、眼濁：眼睛黑白不分，珠睛外環模糊，是為眼濁。眼濁者健康不佳，同時精神生活毫無品質可言，工作僅能單一動作，不能同時頭腦手腳並用，以社會低階層人士見常。

二、神癡：眼神轉動不靈活，看起人來目不轉睛，視瞻無力，目不聚焦，幾近呆滯。頑固魯直，反應遲鈍，帶有幾分心理病，平庸無才，不可也不用與辯。

三、睡眼：瞇眼如睡，睡眼惺忪，一臉疲憊，與人言談一副慵懶倦容，詞不達意。然睡眼與睡鳳眼兩者截然不同，睡眼是為病態之眼相，睡鳳眼則是含藏內斂之眼相，不能不察。

四、神漂：眼神漂浮不定，偷視斜視，神流不定；神漂者心術不正，多奸詐、多邪念，目光短視，難有正常工作與婚情，職是之故，是男漂盜，女漂娼之眼相。

五、神上視：習慣性眼球翻白，自負高傲，不正眼對人，仰視睹上；這般眼神者自命不凡，個性多疑，即使有小才華，但一生中也是多敗少成，不可為友。

六、神下視：眼神邪下如狼眼顧盼，主城府深沉，工於心計，陰險多端，奸詐頑固，心藏九曲難測，事業雖能小成，但終究是流星劃夜，難以長久。

七、桃花眼：眼神如水汪流蕩，眼睛看人半開半笑，頻送秋波，
　　會對異性散發誘惑力，令人望之勾魂亂心，是為淫眼或稱勾
　　魂眼，主心性淫蕩，是為淫邪之流。

八、神強：眼神發出一股強銳之神，令人望之生怯生懼，是為眼
　　神強銳，主內在企圖心特強，意志力過人，大有威武不能屈
　　的架勢，但眼神強銳者是為凶眼，婚姻不美，易遭意外身罹
　　難。

九、哭眼：眼不哭，望之似哭如愁，主命帶勞碌不易顯達發貴。
　　這樣之眼相與子女乏緣不親，又是為晚年孤獨之相。

　眼神？35歲前是母親給的禮物，35歲後則是自己心性與行為的造
作，好的眼神得吉祥如意，不好如上述九種眼神者，主動輒得咎；
動，心念也，咎，凶災是也！

　以上回覆門生周先生的提問，這提問太有料了，感謝！

二百五十二、單眼皮割成雙眼皮不好

問：老師你好，我單眼皮割雙眼皮之後，感覺眼睛睜開時，眼頭緊蹦卡卡的睜不完全，面相休咎如何解說？

答：整型美容，割雙眼皮，是可以增加美麗與自信，但老沈不給鼓勵，就如同提問者案例來說，割了雙眼皮卻造成睜眼不自然，在面相解讀就是不好的。

何以割雙眼皮在面相上是負面的解讀，其原因可以歸納如下：

一、單眼皮者，理性又聰明，為事謹慎冷靜，割完眼皮後，這些個性優點會逐漸消失。

二、眼瞼是田宅宮，當田宅宮被割劃後，會出現一些情況，諸如居家屋頂漏水、在家待不住、出國旅遊發生烏龍情事等等。

三、雙眼皮者會感情用事，很容易受到外在氛圍影響，而購買了一些用不上的東西。

四、眼睛主情愛，如果因割了雙眼皮，造成眼睛睜開不自然，對男女婚情是有一定的影響，若是眼皮割痕不著眼頭與眼尾，這一論則更是成立。

提問者是位大帥哥，神足、神定、神惠，眼神相理極佳，倘因割眼皮所造成眼睛開合不自然，基本上仍瑕不掩瑜，事咎可以減半論處。

以上見覆於歐先生，謝謝您相信老沈而提問，祝福心想事成，吉祥如意！

二百五十三、小孩如何贏在起跑點

問：請問沈老師，為何媽媽懷胎那十個月，決定了小孩一輩子的命運?!

答：這是個嚴肅的問題，也是被忽略的問題。這問題得要從眼睛，尤其是眼神說起，怎麼說呢？

東漢王充與清朝曾國藩都說，父母施氣那剎那，已決定了小孩的一生。原因在於父母當下生理與心理交會結果，這胎兒就得完全概括承受，胎兒無從選擇。

問題在乎的是，父母生心不倆怡，未能情投意合，父母心性狂猖不羈，受害者肯定就是胎兒。這就是相術家所說謂的「命定論」的根柢。

命定論還有很重要的一環，這一環結就是，媽媽懷孕當下的生心運作，會垂直遺傳反射在小孩的眼睛裡，眼神尤甚。

這話如何解說？說穿了面相就不值錢，老沈不以看相維生，也不是扮仙騙鬼，所以我就大膽的公開，媽媽與胎兒的眼神關係，其實就是一個「和」字。所謂：家和萬事興，家不和萬事僥倖！道理淺顯可諭，但能知又能行者幾稀？

換言之，媽媽懷孕期間，家庭氣氛和樂，出生嬰兒眼神，神清、神惠；反之，則是神慌、神濁。嬰兒未來成年後，前者面目清秀，後者則是面目渾濁。

眼神主吉凶，眼神宰富貴，請問你要的是哪個眼神？

所以要小孩贏在起跑點。就得從父母「做人」當下，與媽媽懷孕那十個月算起！

二百五十四、眼距寬者沉得住氣

問：請問老師，眼距寬是好或壞？整形美容可以改善嗎？

答：這問題老沈給的解答如下：

一、眼距寬是好或壞？眼距寬沒有好或壞的問題，因為論眼距還得看鼻之山根高或低，如果鼻子高眼距又開，這是很好相理。這樣的相理意表心臟運作功能很強；且就個性來說，眼距寬者，沉得住氣，耐得住性子，相對的人緣佳好。男生主事業得利，女生則能旺夫得貴。

二、眼距寬但山根低，就健康而言，是脊椎弱化的外徵，也是心臟運作不規律的反射；就個性來說，個性緩慢，且缺乏自信心。從這角度論事業，男生無法攀高摘冠，女生則屬為夫辛勞。所以參入山根觀論，才能分別兩者殊異之處。

三、整形美容可以改善嗎？我的答案是不會改善。道理很簡單，眼距寬，山根高，根本不存在整形美容的問題，只有眼距寬，山根低，才有隆鼻的需要。問題來了，隆了鼻子山根變高了，試問脊椎功能會變好嗎？心臟運作功能可以改善嗎？答案是否定的。就如同低性能的車子，改掛雙B的標誌，車子就能馬力提升嗎？這道理是相同的。

四、我的見解是，眼距寬者需要改變的是健康的保健，與積極作為的個性，反而比整形美容來得務實且重要。

以上回答六月份棧友的提問。請參酌並請指正！謝謝！

二百五十五、經常嘆氣會影響家業

問：請問沈老師，面相學動態觀察，經常性的嘆氣代表甚麼？可以推論休咎嗎？

答：曾國藩說：「聽其言量其心志，觀其行測其力，析其作辨其才華，聞其譽察其品格。」這句話是動態面相的一環。

當一個人，坐下時嘆氣，站起來也嘆氣，這是內在怨悶的外顯。換言之，是長期受生活壓力壓抑，內心不舒的反射。

從這樣的論述，我們可以歸結出，經常不經意嘆氣者，可以大膽推論，其事業家業當下兩困，生心兩不怡，所以藉由哀聲嘆氣以抒發內心之鬱悶。

老沈從觀相實務作比對，會哀聲嘆氣之人，通常眼神失焦，缺乏自信；兩眉相侵，印堂夾雜著細直紋；又氣色缺乏光采。

如果按面相實務，更進一步探索，所謂：有物有則，物則相應。嘆氣者之所以嘆氣，與他之流年運有關。老沈可以依三停分別解說如下：

一、年紀輕輕，就有嘆氣之習性，則以平眉且額頭傷或亂紋者見常。

二、中年人，時而嘆氣而不自覺，多半是中停如眉眼、顴鼻失陷者為多。

三、若是老年長者，嘆氣連連，那下停相理不是尖削，就是嘴巴小而薄。

基本上，嘆氣不是好事，遇事請別哀聲嘆氣，更別無病呻吟，哀哀喳喳，因為只有在困苦中「沉得住氣」，他才擁有翻身的機會！

沉得住氣，這何嘗不就是貧與富，賤與貴，最明顯的分水嶺嗎？

以上回覆，大陸陝西張先生在上海面見老沈的提問。

二百五十六、牙齒不齊零亂健康提早退化

問：老師在「面相筆記」中提到，牙齒參差不齊，牙長相零亂，主健康不好，可以請老師進一步說明嗎？謝謝！

答：牙齒與健康關係緊密，最早在古中醫書「辨證奇聞」就記載著，每顆牙齒都有相互對應的臟腑與經絡關係。

舉例來說，牙床莫名腫痛，那顆牙齒腫痛，是代表哪一條經絡臟腑發出的求救訊號。如門牙代表腎臟與膀胱，虎牙代表肝膽眼，小臼齒代表脾胃，大臼齒代表肺與大腸，智齒代表心臟與小腸。

從另外一個角度說明，上下牙床布滿臟腑經絡，牙齒長相整齊，咀嚼同時就是一種自我經絡的刺激，還能唾液生津，因此，身體相對比較健康。

反之，牙齒參差不齊，如鬼牙一般，致上下牙齒無法完全咬合，因為臟腑經絡長期缺乏有效刺激，所以健康會提早退化，腰酸背痛與各種疾病，隨之向你敲門報到。

古相書指出：鬼牙者壽考不長，其立論根據即在此。按老沈過去觀相經驗，實務與理論，兩相吻合。

以上回答好學多聞陳棧友的提問；問題問得很深入，希望老沈回覆陳小姐能雅納！

二百五十七、承漿痣的休咎詳解

問：可否請沈老師，能再就承漿痣作更詳細的解說？謝謝！

答：有關承漿的釋說，曾在相譜與答客問專欄發表過這方面的文章，這回老沈應棧友的要求，再次詳細的給予說清楚，講明白。

首先界定承漿的部位與相理，再細說承漿的對應休咎。

承漿是相術家所謂「十三部位」之一，在下唇中央部位的凹陷處，它與地閣俱主未來的晚運。

承漿一詞的相理解說，部分相書說：以平滿為佳相。其實，這說法有誤，因為如果承漿是以平滿為佳相，那肯定地閣骨是削平，且沒有朝向鼻子，所以承漿才呈現平滿。

承漿正確的相理解說，應該是地閣骨往上朝向鼻子中土，才能讓嘴唇下方的承漿微微凹陷，且得要搭配地閣寬闊，懸壁微鼓，無斑紋痣痕痘等之違章建築，加上氣色明潤，才是標準的佳好相理，主晚運亨通。

承漿最嫌忌窄陷色惡，與痣斑痕紋，凡有這些缺陷，流年61歲見困，倘地閣下削或短促，晚運必傷無疑。

承漿可以觀論人之飲食、貧富、酒藥的反應，最後還可以推論到親子關係。

承漿主飲食，亦名酒池。承漿相理好，主富而好客，常以美餚招待賓客；且酒量佳好，千杯不醉。如有黑痣，易宿醉，嚴重者，醉而當死，所以不宜酗酒。當然，這還可以解讀是，食物中毒。

承漿位處水星之下，承漿生痣者忌水，這是水厄之外徵。

又承漿氣色黯沉，是會有藥飲排斥的現象。其次，就親子關係言，承漿氣色黯沉，主為子女操心擔憂，引發親子代溝情事；如果該部位又有痕痣紋，這代溝情況會更趨明顯與困擾。

以上是老沈針對承漿之提問，所做的詳細回覆。但願諸位看倌（含潛水客），對承漿會有更深入的瞭解！

二百五十八、印堂斜外紋主勞碌

問：請問沈老師，印堂斜外紋是否屬懸針長腳嗎？這紋路要如何解讀，可否請給解析？

答：這是棧友貼文的提問，老沈答應給專文回覆，回答內容如下：

一、臉上長紋是時間給的刻劃紀錄，人上了一定年齡，多少會在臉上出現紋理。

二、臉上惡紋路的出現，可以是生理病變符號，其次是心理壓力因素長期累積留下的印記，如印堂雜紋是也。

三、臉上紋路，除了額頭橫紋，上斜魚尾紋，與法令紋、金縷紋（木偶紋）、陰騭紋、歡喜紋，及項條紋，是屬於善紋，其他紋路則歸之於惡紋。

四、就印堂外斜紋而言，它不會是單邊斜外紋，另外一側應該還有長短不一的斜紋，兩紋路交叉，是為人字紋；兩紋路不交叉，則謂之八字紋。前者是凶紋，後者是白手起家之紋相。

五、懸針紋指的是印堂中央直紋，如果懸針紋下方開岔，是為懸針長腳，主凶中帶吉，可絕處逢生：但八字紋不會懸針紋長腳，八字紋如果心理負面因素累積一定程度，它會插入龍宮形成愚劣紋，或所謂的悲云紋。有這紋相者，怨天尤人，一生多阻。

六、棧友所附圖相，應屬八字紋，八字紋的解讀是，自力更生，勞而能獲；主心理的精神壓力大，倘就健康來說，它是心藏血管功能弱化的表徵，反射在身體就是肩膀酸痛，或俗稱的五十肩。

面相對紋路的解讀，百家爭鳴，不一而足，老沈給的六點回應，是我多年歸納的心得，希望這答客問的回應，有助於提問者認識自己，同時也能自覺性的改變自己的心性與作為，改善自己的命運！

二百五十九、獅鼻與蒜頭鼻之異同解析

問：請問獅鼻與蒜頭鼻如何區分？兩者有何共通性與差異性？謝謝！

答：中國相術研究者，為了讓人望詞生義，所以部分面相五官，無不以動植物做比喻，諸如馬鼻、虎鼻、獅鼻、竹節鼻、蒜頭鼻等等之名詞，因運而生。

問者想知道獅鼻與蒜頭鼻之區分及其殊同性，老沈給的答覆說明如下：

一、就形狀而言，獅鼻與蒜頭鼻按古相書說法，名詞雖異，但鼻型描繪則略同，都指山根、年壽略低平，但準頭與鼻子兩翼豐大，且又蓋住了鼻子孔灶，都是富貴壽考之鼻相。但老沈則認為兩者形狀，還是有差別，獅鼻鼻準與兩翼之蘭台、廷尉是一體的；而蒜頭鼻則是有著勾陳紋，劃開鼻準與兩翼之蘭台、廷尉，其鼻型就如蒜頭外形之謂。

二、這兩者鼻相共通處是，鼻屬土，有土斯有財，因此，鼻大財帛大，都主中年得志、財資豐盈。另外，就健康而言，鼻主腸胃，鼻大者腸胃特好，能挨受饑餓，也能堪得住大飲大食，但年歲來至中晚年，也會因腸胃瘜肉增生，引發腫瘤病變。

三、獅鼻者堅毅有原則，個性軟中帶硬，故能扛重責大任，是大富之鼻相；蒜頭鼻者宅心仁厚，個性溫馴，識時務，乏原則，沒有敵人，所以很適於經商，經商可以中富。

四、就女的差異來說，獅鼻是旺夫鼻相，如果是蒜頭鼻，反是刑夫之相，至於因何原故，就留著空間讓大家去思考。

以上是老沈給的回答，這問題很有張力，謝謝提問者。

二百六十、精神異常患者之相理解析

問：請問老師，神經病（躁鬱症）的臉，該如何看？可否解析？

答：神經病、精神病或躁鬱症這三種疾病，因為老沈沒有醫學背景，所以無法也無從去界定這方面疾症的定義。

　　老沈僅能就有限的認知，與面相文獻中所知的情況，為呂先生作個人實務上的案例分析：

　　基本上，這些疾症者，都屬身心受到長期影響累積出來的病症。且精神層面皆異於常人。

　　解讀與分析這些人的面相，約略要從四個面向去說明：

一、眼神：眼神是生心理運作反射的總彙。身心障礙者，多半眼神呆滯、視物無神，忽而眨眼忽而飄浮。且眼眶偏赤暗不清朗，眼珠水分偏多。

二、印堂：所謂神經病、精神病或躁鬱症者，另個共同特徵在印堂，按老沈觀察比較，正常人與心理精神分裂者，前者印堂平整開闊，後者印堂不是眉毛交鎖，就是印堂紋相偏亂。

三、眉毛：眉毛除了是遺傳，同時，是心理個性指標所在；眉寬心寬，眉頭雜亂則易心情煩亂。如果眉頭擠壓，且有粗直長之小角揚眉，情緒不穩，狐疑多慮，這種眉相最容易「歇斯底里」；如經常性的有「歇斯底里」行為，不知要歸納在哪個病證。其次，眉毛稀疏得僅剩十來根，這幾根眉毛長短不一，排列零亂，或者根本沒毛者；多半神經病、精神病或躁鬱症者，皆有這樣的眉相。

四、氣色：神經病、精神病或躁鬱症者，因生心理因素，自己的七情六慾無法正常運作，所以這類病人，臉上的氣色多數偏青黯，尤其印堂氣色，硬是缺乏那種黃明潤亮之氣。

　　以上是老沈給呂中醫師的答覆，關老爺面前耍大刀了，還請高雄呂大夫匡闕補漏。謝謝您！

二百六十一、代孕人工生殖及領養子女之相理

問：請問，兒女面相受母親影響甚多，但代孕、人工生殖，甚至領養的子女，該怎麼來論相呢？

答：這提問問得很深入，也很具體，有助益大家對面相的重新認識。這兒，老沈依面相多年的探索及心得，容以如下幾端作覆：

一、按中國傳統相法，在那個年代並沒有所謂的代孕或人工受孕，所以兒女之相及其命運，完全掌控在父母當下的生心運作，兒女只有承受，無得說不。因此，東漢王充與清末曾國藩，這兩位相學先趨提出，父母施氣那霎那，已決定小孩一生的氣性才能。這是命定天造說的根始。

二、按基因生理遺傳來說，代孕精子與卵子完成結合成孕，在父母基因垂直遺傳下，基本上，家族病史之健康遺傳，已隱藏其中，健康疾病來到一定年齡，便會反射在子女相對五官的位穴上。舉例來說，如胃腸症、心臟病、糖尿病、高血壓、過敏體質便是。從這角度來說，子女有上列遺傳性疾病，往上推、父母其一，或往下推，子女多數，臉上也會出現病症符號。

三、如就心理遺傳來說，不論代孕或人工受孕，孕母懷胎時之心情與精神狀況，當然會影響到胎兒的面相，舉例說，如兒女的印堂、眼睛之形與神，在母親懷孕那九個月，允然已決定並注定了小孩的一生。依面相實務觀察比較，同是手足兄弟，其中有人發貴昌旺，有人一生潦倒不堪，這差異足以說明，同父母不同批號的產品，其差異性，就在懷孕的製程中。更精準的說，媽媽胎孕期間的心情，無不受到婆婆或先生的影響至鉅，才是重要的因素。因此，從兒女的眼神，是可判讀這人家子人過往的生活紀錄。

四、至於，有關領養子女面相的解讀，老沈以兩方面分析說明：

1. 原生家庭父母氣質及其經濟，就寫在養子女的髮際線與眼
   神上。這屬先天恆定不可變的面相。

2. 收養家的管教與經濟，在一定時間裡，會反應在養子女的
   眼神上。和樂的家庭，必定能培育出傑出的子女，養子女
   同論。就面相實務來說，哪個家庭讓小孩有安全感，小孩
   的面相，就會從眉頭與眼神反射出來，肯定是眉開眼笑，
   珠睛明亮和惠；反之則否。這就是相隨境轉，是後天環境
   因素給的可變性之面相。

五、就古今面相文獻兩相比較，古代相書或相術家，只能對面相
   提出機制類比歸納，並沒有告訴我們，面相因果辯證所在；
   而當代的相術家，如蕭湘居士，與不揣簡陋的業餘不才老
   沈，面對相理符號所作的論斷，無不以所以及其所以然，系
   統分析並作邏輯歸納。

以上是老沈對台北朋友問題的回覆，這幾點回覆，純是個人學習
面相的經驗談，也許還有更精準的答案，還請相學界方家們，補正匡
漏。

二百六十二、孝子女面相的特殊符號

問：請問，孝子女在面相有無特別的符號？怎麼判讀？

答：這問題看似容易回覆，其實不然。為什麼這麼說，因為解讀孝子面相，需從額頭與氣色來判讀。

先說誰會養父母親至終老，按面相文獻的記載，家中哪個兒子額頭寬大，日月角明顯凸出者，通常會背負俸養父母親的責任。

文獻只說出，額頭日月角相理好是孝子之相，但沒說出，額頭寬凸的兒子，為什麼要負責照顧父母親，其實答案很簡單，因為額頭高寬凸者，聰明才智過人，除了是年少發貴，光耀門楣，能讓父母驕傲得意外，另一個原因是，這兒子的記憶與反應機靈，父母稍有需求，他會在意並提供支援，所以父母會喜歡與他同住。

反之，額頭偏窄者，對父母的關心與反應慢半拍，無法即時滿足父母的生心需求，父母偶生悶氣，不與之同居。這樣的論述，實務驗證接近於一。

更精準的說，孝子除了額頭寬凸，日月鼓起外，還要參入一個重要元素，就是氣色。因為只要是孝子，額頭氣色無不，發亮發光，潤亮有澤。

因此，也可以這麼說，只要心存孝心，經常向父母噓寒問暖，即使沒有與父母共同居住，你的額頭依然會熠亮無比。

再就另個角度來說，縱然額頭偏低窄，只要額頭與印堂是光亮的，也可以推定是孝子。

大孝尊親，天道酬勤；按面相理論與實務面，對父母孝順敬愛者，額頭的那道光芒，無非不就是老天給的最大祝福，所以能生心兩全，家業兩昌。孝女孝媳同論。

反之，額頭氣色黯沉，印堂不開，眼神漂浮不定，這是典型對父母不聞不問之劣相，他絕不會是孝子女。

以上回覆戴先生的問，這問題有深度，老沈喜歡。謝謝！

二百六十三、眉毛與嘴唇斷論生男或生女

問：請問，在面相故事中第二集第130篇中，老師那位高徒如何以眉毛斷論王先生，有髮尖的會是他女兒？

答：有一說一，有問必答。談到看相，江湖一點訣，說破不值一個茶葉蛋錢！

在上篇面相故事裡，老沈設了伏筆，賣個關子說：「門生如何以眉毛論斷是女兒，各位想知道嗎？想知道的請按讚+1。」當這議題一拋出，迴響還真大！現在老沈就公開這門相技竅門。

按，相書文獻及老沈習相實務，男生眉毛呈八字眉者，生女容易，生男不易。故事中這位王先生，眉頭朝上，眉尾稍往奸門下斜，是典型八字眉相。所以，門生說：「有髮尖的是女兒，答案就在他（王）的眉毛上啊！」

看相，還得戒慎「相不單論」。雖然說，八字眉相之男生絕大多數生女多，至於會不會全都生女兒，或蹦出一個男丁，這還得從嘴珠的關鍵點來看論。

男生八字眉且嘴唇無珠，這是無子之相；若是八字眉，嘴珠明顯，或嘴如菱角，這樣的相理，還是能生出男丁。故事中那位王先生，是八字眉且嘴唇無珠，可以大膽推論，王是沒有兒子的相。

因此，門生答說：「有髮尖的是女兒！」答案正確，毋庸置疑。

以上是面相故事第130篇伏筆的公開，故事中還有很多的未被掀開的神秘面紗，發現了嗎？等著您來提問！

二百六十四、痣對命運事咎之影響不容小覷

問：有一網路文章說，臉上的痣對所謂命運事咎之影響，微乎其微，請問沈老師的看法呢？

答：這篇文章老沈是曾經瀏覽過，記憶中，文章的破題是這麼的說，但文中部分內容則指出，痣長在重要部位，還是會有負向的影響力道。

因此，就方小姐這個提問，我先來說說，臉上的痣是怎麼來的，接著再談什麼是重要部位。

臉上的痣是健康的反映，痣的部首為病字旁，所以臉上長痣的形成，是五臟六腑曾經病變，病毒隨血液日積月累，淤積在臉上相對位穴上。所以痣是項健康警訊，也是病症的記號。

舉例來說，兩眉頭與印堂，是肺臟相對位穴，痣長在該部位者，支氣管偏弱，會有乾咳暗疾，或久咳不癒現象；又如，鼻準對穴主脾胃，準圓生痣是腸胃曾經病變的表徵，因此、過去、現在與未來，硬是受腸胃病症所困擾。

面相對痣的解讀，不僅在生理健康上，還有所謂的命運事咎。要如何解讀痣相的命運事咎，這還得端看痣長在哪裡。

面相有十二宮位的區劃，痣長在額頭中央，這部位是官祿宮，影響所及，非但在年輕，還會是一生的事業運勢，所以它就是重要部位。

再說個例子，鼻樑是財帛宮與疾厄宮所在，如痣長在鼻樑，男生主因桃花損財，女生則主婦科暗疾，但不論男女，這顆痣都主腰酸背痛，且是家道中落的外徵。

綜上可證，痣相對所謂的命運事咎，還是有一定層面的影響，問題是要看長在哪裏。如果是長在臉上外邊，其影響是微乎其微，若是長在「神秘十字帶」（註：見《面相筆記》），尤其痣長在當陽十三部位上，那負向的殺傷力，則真的不容小覷。

以上作覆，還請各位方家朋友，指教賜正為荷！

二百六十五、面相推論及反推論法之實例應用

問：請問老師，何以老婆鼻子長痣，先生於年44歲至50歲，其事業會挫敗，又，何以反推其子女額頭有破陷？

答：這是從前兩篇面相故事，衍生出來的第二個問題。

女生鼻子是為夫星，代表先生的事業運，老婆鼻子高寬厚實正，且沒有斑紋痣痕，象徵先生具有真才實學，社會地位高；反之則否。

就痣相的解讀。女生鼻樑痣、己身除患有腰酸背痛，婦科疾病外，另外的解讀是，傷剋在先生的工作。職是之故，若老婆鼻樑年壽長痣，主夫運受阻。因此，老婆流年44至50歲期間，先生的事業會遇上重大的挫敗，此其一。

其次，按相書指出，子女額頭有四破者，父母家道必見中衰。

何謂「額四破」？指的是額頭低窄、髮際線不平整、額頭傷痕、額頭亂紋等，是為額四破。額頭是父母宮所在，子女只要是額四破，那麼當子女邁入青少年時期，必傷及父母親的健康、事業與婚情。

因此，當父親中年事業受阻，無非是老婆鼻樑痣給的外襲，若這兩項都成立，就能據此大膽推論，其子女的額頭必見髮尖或額傷痕。此其二。

如果問什麼原因，竟有如此玄妙的關聯性，老沈只能說，這是老祖宗相術神秘文化，留下的鐵則定律。

以上老沈不保留的局部公開，面相推論及反推論法，同時也回應王小姐的提問。祝大家新年快樂！

二百六十六、先生八字眉妻子易罹子宮暗疾

問：在面相故事中，提到先生八字眉形，老婆會有婦科疾病，可以請沈老師再進一步詳細說明嗎？

答：這是老沈學生的提問，問題很有表面張力，容我簡要回覆。

老沈設棧，旨在掀開面相神秘的面紗。話說，奇術無真，秀才無假，面相竅門說破不值三個錢。

按經驗法則，也就是統計學來說，先生八字眉，大多數老婆會有經常性子宮發炎症狀，原因在於八字眉的男生，陽具偏長又大，當老婆的怎堪那話兒受罪，所以第一道問題會是子宮發炎。過一段時間約是中年四十來歲左右，第二道問題就會隨著發生，就是子宮長期發炎下，導致子宮糜爛，嚴重者得要摘除整個子宮。

這樣的回答，也許還不夠嚴謹，更精準的說，先生八字眉，且是眉毛黑濃，那她老婆子宮婦科暗疾，恐怕難逃惡夢，原因無它，因為男生眉毛越是黑濃者，體力與性慾要比眉淡者強很多。長、大、常三者齊下，老婆子宮毛病自來，答案就是這麼簡單！

以上回覆，純是面相探索，老沈不希望有人對號入座！

二百六十七、眉秀尾聚神足定早發旺

問：請問沈老師，何以男生平眉34歲前不發，而是發貴在35歲以後，可以解謎分曉嗎？

答：這提問看似無奇，但卻隱藏著無限生命的密碼。何以見得？因為相學先驅們，把一生命運關卡，區劃出三關四隘。

　　三關指的是15、25、35歲，四隘說的就是41、51、61、71歲。這七個流年都是生命中的關鍵年齡。

　　如果對相學有一定研究基礎的朋友，從這三關四隘的流年，就能精準的窺見15、25、41、51、61、71歲，這六個流年歲數都在當陽部位，惟獨35歲是在當陽外側的眼睛太陽部位。

　　從這角度來說，看論平眉者34歲前不發旺，發在35歲這個命題，立論雖正確，但還不足以證明35歲一定發旺。

　　為什麼？因為論平眉者35歲發旺，得附帶兩個要件，這兩個要件必須是：一眉毛秀麗尾聚，二、眼睛神足且銳，兩要件缺一不可。

　　因此，如果男生平眉，眉秀尾聚，眼神足定，35歲必能發旺發貴，這毋庸置疑；倘是眉斷、眉散、眉傷痕，這發旺流年得延遲至51歲以後。

　　這論述的根結在於，眉者鼻之根，鼻為財帛眉為財倉。故眉斷、眉散、眉傷痕者，是為財不入庫之相，得要等到51歲以後，始能脫離眉毛缺陷的窠臼。

　　又，雖然眉平眉秀，然而眼睛濁俗，是為眉眼不相應，所以會發貴的不會是自己，反而會應發在兄弟手足身上。因為眉毛為兄弟宮，眉毛秀麗，主兄弟有成。

　　從相學文獻得知，古相術家將35歲納入三關之末，其原因在於，流年35歲正處在生命高峰期，生心理運作俱備，所以不論是揚眉或平眉，都有一展長才，鴻圖大展，飛黃騰達的機會。

　　這個提問頗有值得玩味之處，老沈僅做梗概回覆，希望這回覆對初學者，不會是一劑安眠藥！謝謝提問！

二百六十八、宗教修行者之特殊符號

問：請問老師，宗教修行者從面相可以看出來嗎？要如何看？

答：面相是門統計學，所謂統計就是發現現象，根據現象作描述，蒐集相關資料，大膽假設，反覆求證，經由系統分析，歸納結果，以數值求出落點是否接近於一，落點愈趨近於一，愈有參考價值。

本提問在於，宗教修行者的特徵符號為何，如何做區分判別。

有關宗教修行者特徵符號，老沈就文獻與實務，回覆如下：

一、從骨相判讀

骨相可反映人之個性氣質，人之骨法中貴者，莫出於額頭之骨。額頭骨奇而貴者，莫出於頭顱骨嶙峋怪異，主孤獨之相，意味思考反應與眾不同，特立獨行，恃才傲物，貴發鼎盛，巨富而高壽，不是一方之主，便是傲世不群。職是之故，這般骨相者，要嘛就當高階領導，號令天下；否則，就遁入空門，獨善其身。

據相書文獻說，明太祖朱元璋就是頭臚多角；近代如虛雲老和尚，當代宗教家則以聖嚴法師、惟覺老和尚，證嚴法師為代表，無一不是頭角崢嶸，後腦勺星台枕骨特凸。

二、從額頭判讀

額頭有所謂違章建築，如額傷痕、額亂紋、髮際鋸齒、美人尖、額頭當陽痣、或印堂疤痕、印堂痣等者，不是出身寒門，便是年輕奔波，或婚情不美，為求精神寄託，所以會有抗世離俗的思想與行為，宗教修行便是選項其一。

舉例來說，我們所說的觀音痣者，如觀世音菩薩、媽祖，又，額頭中正受傷，又有頭顱奇骨，如慈濟證嚴法師便是例子。

三、從痣相來說

如前面所說，額頭與印堂有痣者，會走入宗教修行之途，此外，還有嘴角與懸壁中間部位，是為歧堂，歧堂痣主宗教工作。

按已逝當代相學大師蕭湘先生所指，歧堂痣是為宗教修行痣相。這痣相，驗證在星雲法師懸壁長有歧堂痣，倒也符合。

四、從眉目來說

宗教修行者，多半有著慈眉善目，所謂慈眉指的是，眉毛退印、秀麗、貼順、有彩、過目，尾聚；至於善目指的是，眼神一股祥和目光，讓人望之心生安定，又不敢玩笑嘲弄。

這般的相貌，一是來自天生本質的識性，另外，則是來自自我修行結果的反射。舉例來說，近代高僧弘一法師、達賴喇嘛、日常法師、星雲法師、多數天主教教宗可以為證。

以上是老沈就文獻與實務，對宗教修行者面相，所作的歸納，缺漏難免，還請諸位朋友賜正！

二百六十九、下停失陷如何解脫命運的枷鎖

問：下停相理不好，例如：嘴巴小，地閣骨內縮，沒有朝拱，是否謹言慎行，廣積陰德，以為改變？

答：面相是由諸多不同的符號所組成，因而每個人的相理都有差異性，所以每個人的命運休咎，就有不同走向，自己的功課。

問下停相理不好，是否謹言慎行，廣積陰德，淨罪集資，以為改變？其實，不管相理好或不好，謹言慎行，廣積陰德，淨罪集資，這普世價值適用在每個人，誰違反普世價值，逆天而為，就佛家的思想，是有因果報應。所謂，多行不義必自斃，其理在此。

針對下停不好乙節，界定說明與改善之道如下：

一、**下停界定**：下停泛指的部位，是指鼻子井灶橫線以下之人中、水星嘴巴、法令、懸壁、承漿、地閣、地庫等。

二、**相理要求**：

　　1.骨相重於肉相，下停地閣骨宜開闊，朝向中土，忌無骨、內縮、尖削；肉相宜肉貼骨，又稱骨肉相稱，忌乾瘦，或肉浮腫。

　　2.下停不宜有違章建築，如斑紋痣痘痕，氣色黯黑。

　　3.人中宜長寬正，嘴巴水星宜開大閤小，法令應寬秀長、懸壁的微骨有肉、承漿呈凹陷、地閣地庫骨宜開闊且朝拱等。

　　4.動態聲相，以聲音清揚飄遠，語量要少，語速適中為上相。

三、**觀論事項**：

　　1.健康：如人中深淺看血液循環，法令紋深淺斷續看腳疾與泌尿功能，嘴巴色澤觀腸胃與心臟等。

　　2.個性：如人中淺，沉不住氣；嘴巴薄，話多且急；法令紋斷續，缺乏原則；法令過深，頑固不化；地閣尖削，缺乏

包容力等。

3.休咎：如下停相理好，包容力好，晚景昌榮；反之下停失陷，如地閣尖削、短縮，明顯惡痕、惡痣、惡紋、或聲音破陷，晚運則多舛多困，甚至淒涼無比。

四、改變之道：

要如何應變下停失陷，解脫命運的枷鎖？老沈的見解是，先學會認識自己，再見招拆招，方法不一而足。

舉例來說，如是健康發生問題，知病知症，除自我保健，注意飲食運動與生活規律，還得詢醫治療改善；倘是個性問題，重點在修身養性，多讀書，觀功念恩，常自覺反省，或向成功者學習。

至於，下停不好，晚年事咎的破解，老沈呼應邱先生所說：「謹言慎行，廣積陰德。」觀功念恩，淨罪集資，廣結善緣，倒也不失良方一劑。

對本提問老沈作個總結：

面相學實用性，在乎一個早知道，且知而後能行；將事而能弭，遇事而能救，既事而能挽，這才叫應用面相學，聖人才子做得到，我們都還在學習中！不是嗎？

二百七十、觀氣色可以推論休咎

問：請問，有些書上講，觀氣色會出現一些具體的畫面，比如觀奸門氣色會出現人像，進而可以推論出休咎。真有這麼神奇嗎？

答：本提問者是老沈雲端學生，對面相有相當學養，所以能提出如此深入的問題。

在奧祕的的相學中，氣色是門大學問，誰能觀察氣色竅門，誰必能深得相人的要領。

看氣色，在諸多相書中，蕭湘先生有專書介紹，但他所談的氣色，仍圍繞在中國傳統的說法，所以並沒有如張先生所指的，「觀奸門氣色會出現人像，進而可以推論出休咎」這類的說法。

據老沈收藏的相書中，有本《林流相法面相氣色全書》，作者是日本林文領先生。他說這套相法學始自於日本東京橫舟鶴飼先生，事後自立門派，自稱「林流相法」。該書多半內容介紹的，就是氣色顯現出人像，根據人像出現的部位，再加以論斷其吉凶休咎，內容敘述神奇又奧祕，書中圖相盡是手畫，並無實體圖照可稽。

按老沈習相數十多載，曾多次以林流氣色相法，觀察無數之人，就是看不出林流相法所指的人頭像，所以我的看法是，不是林流相法賣弄玄虛，就是老沈資質魯鈍，感覺不出它的神奇所在！

以上回覆如有缺漏，或不到位之處，還請張先生多多包涵！

二百七十一、面相看問重病患者之生命力

問：媒體報導，某藝人心臟病急救中，可以請老師分析她的相理，並推論能平安否？

答：這問題涉及他人隱私，老沈持一貫作風，不予置評。但這提問，倒可以依相理解說，重大疾病患者生命力之強或弱。

從面相看問重病患者之生命力，須從以下幾端看論：

一、眼睛是精氣神儀表板，眼睛明亮，神聚視久，代表生命力強；反之，眼睛視瞻無力，神昏目滯，又瞳孔日漸放大，是為生命力弱化的外徵。

二、眉為保壽官，中醫云：藏精於骨，現精於眉。因此，眉毛疏淡，毛脫毛枯者，精氣不足，倘遇上重大疾病，是為生命力弱化的眉相。

三、鼻子是五臟結構與運作的外顯，看論生命力，重點在鼻樑骨要高寬厚正，代表先天五臟結構佳好，運作正常少病痛，所以生命力特旺。反之則否。

四、山根與人中是血液循環的表徵，通常山根高寬，人中深長者，血液循環特佳，所以生命力強旺，遇重大疾病，痊癒機會大，反之則否。

五、耳朵與命門是腎臟對穴，重大疾症患者，如果耳朵與命門氣色明潤，代表生命力強；倘若這兩個部位氣色臘青，出現模糊，是為腎衰竭前徵，那就不妙了！

生命力還可以從法令、耳朵、嘴巴、髮色、聲音、氣色等加總量化，量數愈大，生命力愈旺，量數遞減，生命力趨弱，老沈就不詳細說明了。

生命無價，健康第一，誠祝這位美女平安無事，早日康復！

以上回應，純是老沈經驗談，尚請各位先進方家匡正！

二百七十二、法令紋不對稱之面相解讀

問：請問，中年男生法令紋不對稱，左邊深秀一紋到海口外側，右邊卻是不明顯，面相作何解讀？

答：法令紋通常以，秀長如鐘，兩邊對稱，為上乘相理。

法令紋可以看論諸多休咎，當然，要以紋路好壞或對稱性，作為觀論依據。

老沈就針對提問者說，男生左邊法令紋，秀長且深，作覆如次：

一、就腳足健康來說，左法令優於右法令，代表左腳力道優於右腳，左腳不易酸痛麻，右腳則否。

二、就個性來說，法令紋象徵威嚴與原則，兩邊法令不對稱者，個性陷於雙重個性，時而堅持，時而乏則，簡單說，個性讓人捉摸不定。

三、就與父母關係而論，男生左法令秀長，他的成長學習，多數是承受自父親影響較大；另外，左紋比右紋秀長，主父在母先走。反之則反向論之。

四、法令處奴僕與子女宮位，左邊法令相理好，可以解讀與兒子事業與親情關係優於女兒；也可以是男部屬得力且能擁戴。反之則反向論之。

五、相不單論，如果男生右法令紋不明顯，又紋路斷續不秀，以上四點論項就幾近於一，而且還可補充說明，他晚年之事業，時好時壞，不很順遂。

以上回應劉小姐的提問，謝謝妳！

二百七十三、如何練就好的眼神

問：眼睛相理居面相之最，請問老師，要如何練就好的眼神？謝謝！

答：蕭湘大師說：面相分十，眼睛居五。老沈十分認同蕭大師之說法。又，古相書云：七尺之軀，抵不上一尺之臉，一尺之臉，抵不上一寸之眼。可見方寸之眼相，才是所謂命運的主宰者。

眼睛與心相互為表裡。看論面相，如果對方閉上眼睛，會有瞎子摸象的情境，無法精確觀測到其人之福禍吉凶，可見眼相是相學重中之重。

在回答這問題前，老沈得先說說，什麼才是好的眼相。

眼相得以形、神、氣三方面作拆解。

形：眼睛以扁細為上，圓大為劣，且兩眼要對稱，忌諱一大一小，高低不一。

神：眼神三要，要神定、神足、神和惠。忌諱神漂、神弱、神凶露。

氣：眼氣宜清朗，忌諱黯濁，黑白不分。

至於葉小姐問，如何練就好的眼神，容老沈就眼神一節，作梗概說明如下：

一、眼神好與不好，絕對多數肇因於父母施氣霎那，與母親懷胎時的情緒成正比。父母心性善良，修養佳脾氣好，母親懷胎期間情緒穩定，子女的眼神必是佳好無瑕。這屬先天的眼神相。

二、要擁有好的眼神，先要有好的思想觀念，所謂：心有一分正，眼有一分定；心有一分邪，眼有一分偏。而思想觀念就藏在書本裡。

三、心眼同根，心指的是修養與內涵，修養來自知而後行，內涵
　　來自知識轉化成為智慧，修養與內涵反射在眼睛，就是眼神
　　定且和惠，眼神含藏而不露不銳。

四、眼睛是精氣神所在，因此，當精氣神十足，眼神會如深淵寒
　　潭，湖水耀光一般，即是面相所譽的，眼藏真光，視瞻有
　　力。至於要如何訓練眼睛神足，這不外從健康著手，沒有健
　　康，就沒有眼神，其次，還得如官校生從練膽、練氣、練技
　　學習逐步做起。

五、練眼神也可從走路著手，走路步伐越穩，眼神越是定而且
　　足，通常行走不穩或急性子的人，眼神硬是缺乏一股定力。

　總的來說，心存善念，胸懷仁慈，眼神就不會差到哪裡去啦！

　以上回應葉小姐的提問；有趣，老沈黑卒吃過河，跨界說教，教
起眼神訓練課程，心虛不已，倘若撈過界，尚祈大家雅納匡正補闕賜
教！

二百七十四、對法令紋深長之長官不能拍馬屁

問：老師面相故事貼文說到，為什麼法令紋深長的長官，不宜拍馬屁，可以進一步說明嗎？

答：這位朋友反應極佳，能從問題中找問題。老沈喜歡這樣的互動，因為每個提問都可以是新議題，每個議題都可以創發，角度更寬廣，重點更深入，並豐富答客問的內容。

　　為什麼法令紋深長的長官，不宜拍馬屁，戴高帽子。原因是，法令紋代表威嚴，法令紋深長的長官任事一板一眼，不苟言笑，公務互動只能就事論事，有一說一，忌諱迂迴式的討論公事，更忌諱迎逢拍馬，或言語態度輕浮。

　　從法令紋可以判讀個性。法令越深，個性穩重，不苟言笑，不善言辭，不耍手腕。如說他固執，不如說，十分有原則，實事求是，不任意權變。因此，與這樣長官共事，千萬不能開玩笑，或任意恭維拍馬，阿諛奉承，否則會被馬腿踢到！

　　又，如果長官法令深長，下巴尖削，且一幅覆船口，那麼上班時間你就得戰戰兢兢，別輕易摸魚，因為只要你在他心中留下壞印象，想要漂白升遷，那會比登天還難！

　　張先生另外問到，法令紋淺，眉毛淡的問題，容下回解說，謝謝！

二百七十五、牙齒與五臟的對穴回應

問：面相書說：鬼牙不是健康之齒相。請問何以見之？牙齒與五臟六
腑的對穴，沈老師可以說明嗎？

答：牙床佈滿著五臟六腑的對穴，當你是滿口鬼牙時，牙床無法因咀
嚼或叩齒，完全刺激到五臟六腑的神經位穴，久而久之，五臟六
腑神經對穴，因缺乏物理刺激，以致生理會提早退化。

鬼牙如此，牙齒脫落者亦然。所以相書指出，鬼牙者不高壽。

中醫與面相同源，所以牙齒對應五臟器官，約略說明如下：

大臼齒：胰臟、胃、乳房、鼻子；易患疾症是，打嗝、消化不
良、乳房疾病。

小臼齒：肺、鼻腔、大腸；易患疾症是，濕疹、肺炎、感冒。

犬齒（虎牙）：肝膽、眼、扁桃腺；易患疾症是，白內障、易
怒、膽結石。

門牙：腎、膀胱、耳朵；易患疾症是，頭痛、失眠、暈眩、中耳
炎、前列腺、腰酸痛。

智齒：心臟、小腸；易患疾症是，心悸、高血壓、心臟病。

從這對應關係來說，健康雜誌裡面提倡，要大家有事沒事多多叩
牙，有益健康，立論成立。

以上是針對牙齒與五臟的對穴回應，謹供參考喔！

二百七十六、情緒反射在氣色之解析

問：請問，老師在教學光碟提到，見白如見喪，可以請進一步論述其緣由嗎？

答：感謝卓小姐長期來對老沈面相作品的支持，這個提問理論與實務兼俱，很有探索的價值與空間。

按，《黃帝內經》說：「心在志為喜，肝在志為怒，脾在志為思，肺在志為憂（按：悲），腎在志為恐。」因此，衍生中醫所認定的，情緒失調直接損害內在臟腑，故稱「內傷七情」。

七情是對客觀事物的不同反映，在正常的情況下，人們產生各種情緒很正常，但某種情緒持續下，已超出了人體生理的負荷範圍，就會反射在氣色上，甚至影響到健康，並引發一些疾病。

黃帝內經說：「肺繫一身之氣，司呼吸、主皮毛，開竅於鼻。」因此，肺被稱為人體的宰相，掌管生命的氣機運行。然悲傷會阻滯人體氣機的運行，故過悲則傷肺。人在強烈悲哀時，會耗散肺氣，因此，臉上會出現素白氣色。

再者，就實務而言，家中辦喪事者，悲傷不喜，臉色呈素白外，又，在傳統華人習俗中，家中辦喪事，家人會為往生者燒腳尾紙守靈。幾天下來，家人受到廢氣污染於無形，肺部吸入大量金香紙煙，因此，臉色呈現枯素偏白，那是肺生理功能，不堪負荷的反射。

倘從這兩方面去探討，職是之故，就能清楚的明白，何以喪家的成員，臉色是素白色的，這也何以是老沈課堂上說到：「氣色見白為喪。」其道理即在此！

面相好好玩！面相的研創開發，還真需要大家多元的發問！感謝卓小姐！

二百七十七、八字紋與人字紋之區別

問：請問沈老師，八字紋與人字紋如何區別，又，如何解說其事咎？

答：八字紋與人字紋都是位居在，兩眉相對的印堂上。

印堂上兩條不相交匯的外斜紋，稱為八字紋；如果，印堂兩條外斜紋交碰，形成人字，是為人字紋。

八字紋者，是為白手起家之紋相，終其一生，凡事一身扛，任勞任怨，不畏艱難，毅力過人，終能事業有成。

至於，人字紋就沒八字紋那麼幸運，他或她工作辛苦，但是，勞多獲少，付出與所得不成正比，又得不到六親歡心，因此，總是有股怨世恨世，以至出家離世的心念，所以有人字紋者，最後總會投入在宗教哲學領域裡，尋找心靈的寄託。

以上是兩者的差異性。至於，八字紋與人字紋的共通點，都是心肺功能偏弱，會有經常性的頸肩酸痛症疾。如果你懂得「娃娃相法」，你便能知道它的原因所在。

以上回應王小姐的提問，面相好好玩！面相答客問因大家的多元問題，才能創發更多的答客問！謝謝提問者！

二百七十八、霧眉畫虎不成反成犬

問：請問老師，我這霧眉算是成功的案例嗎？願聞其詳！

答：謝謝這位棧友對老沈的信賴，願意分享他霧眉的案例。這提問，衍生出三個可以回覆的方向，說明如下：

一、會去霧眉或紋眉者，基本上是發現自己眉形有所缺陷或不足，藉由霧眉去改善眉毛相理，以利自己的理財順遂，以及改變手足親情的相關事咎，所以才會燃起霧眉的舉動。這說明了提問者對面相是有基本的認識。但站在相學真理這一方，老沈咸認為，認識自己，改變自己，內化觀念，外化行為，要比霧霉來的踏實。

二、霧眉師傅未必懂得面相，因此，霧出來的眉形與理想的眉毛相理，落差很大，那可是畫虎不成反成犬，結果負向傷害大於原本眉相，這不是遺憾，甚麼才是遺憾？所以霧眉或紋眉，就不得不謹慎行事。

三、按提問者的霧眉圖照來說，這霧眉老沈看見的缺憾如下四點：

　　1.左眉頭侵向印堂，致兩眉長短不一。從這點來推論，印堂是人際關係與事業運作的指標點，當左眉頭侵入印堂，人際關係會生變，其影響所及，會是阻礙事業的發展。

　　2.眉峰見角，俗稱所謂的「眉角眉角」，其實指的就是個性挑剔，個性偏向剛強，不易溝通妥協。因此，眉峰見角者，會傷到朋友與同事情誼而不自知。

　　3.右眉峰偏高，當右眉高於左眉時，反應了一個事實是，兄弟手足不親，又彼此猜忌，簡單的說，手足冰炭。

　　4.眉粗壓眼，當提問者己身眼瞼見狹窄，又霧了一個粗濃大眉，更顯見出眉壓眼之相。，相書說：眉壓眼是龍爭虎鬥之相，意味內心急燥不安，難享寧靜之逸。

　　所以，提問者蔡先生問，這霧霉眉是否是個成功的個案，老沈只能說，這是個很失敗的案例，建議能修補就得盡快再霧回來！

二百七十九、比鄰痣之相理解讀

問：左嘴角下方有一顆黑痣，上長有長毛，請問在相學上要如何解讀？

答：圖示左嘴角下黑痣，是為比鄰痣。

比鄰痣所能看論者有如下幾點：

一、痣位居下停，下停主子女或奴僕下屬，因此，凡下停長痣者，與子女會有代溝，且子女表現不盡理想，故也可以解讀是，晚年憂子的痣相。但該痣長毛，因而它是屬於活痣，既是活痣，所以兒子學業、事業雖有跌盪，終能安然過渡，化險為夷。

二、就奴僕宮的解讀，比鄰痣者，在事業組織的發展上，會遇上恃寵而驕的下屬，這部屬能力雖好，但就是傲物抗上。倘老闆地閣飽滿，他的才華能受控馭，反之，老闆地閣尖削，他就是叛徒一個。活痣者其傷害影響減半論處。

三、比鄰活痣者，是白手起家之痣相。又，地閣附近的痣，可觀論到田宅住家。比鄰痣者，居家格局與採光高人一等，但是，在房地買賣過程，會有不愉快的紛爭。惟因是活痣，房地產買賣紛爭結果，反而是贏家。

四、比鄰痣，顧名思義是看論與鄰居的相處。痣如灰黑是為死痣，那肯定是一生當中，都會碰上惡鄰居。如果是長毛的活痣，那可以說，你永遠都是鄰居心中的好鄰居，但他們未必就是好鄰居。

五、如果法令紋內縮，晚年形成紋與痣交匯，這意味著晚年會因腳足摔傷，以致有腳踝酸痛痲的暗疾。故晚年走路特需在意防止跌倒。

面相好玩嗎？老沈不保留的回覆分享，也給提問者郭先生來個早知道！

二百八十、男士眼睛如噙淚水主腎虧

問：中年男士眼睛如噙著淚水，在面相上要如何解讀其事咎？

答：這是一則面相生理實務問題，就分兩段落回覆之：

一、生理解讀：

 1.眼睛是精氣神的反射儀表板，男生精氣神充足，眼珠看起來不會呈水霧狀，故眸子能明亮清朗，反之，當眼珠子如含水狀，這意味是腎氣不足，心腎不交的表徵。

 2.男生過度縱慾，腎水無法歸元，是為分泌失調的外顯，眼珠子就會水汪汪似的如噙淚，同時眼眶氣色偏赤紅，且下巴會冒出痘痘，接著大便滑腸溏稀。

 3.再者，眼睛噙水會畏懼陽光，如不及時調理，他日眼睛則轉變成乾眼症，視力會提早退化。此為所謂的「腎虛腎虧」之症。

二、事咎解讀：

 1.男生眼珠含水，表示腎水外氾，是縱慾的表徵，也可以解讀是，當下進行式的桃花色劫。處理不當會身敗名裂。

 2.凡眼珠含水者，因慾火攻心，心無法平靜，故做起事來錯誤連連，據此推論，事業運阻不昌。當然口袋錢財會耗損於無形。

 3.因心理交剋生理，生理異變，所以會有腰酸背痛暗疾，還會影響到睡眠品質，在生理透支下，工作效力減損，人際關係隨之滑落。

  以上是老沈對本提問的解說，謹供參考！精明的女棧友們，請別用事咎解讀條則1，去檢驗先生的外在行為，如果真出事了，可別找老沈去背書喔！哈哈哈！

二百八十一、法令淺、眉毛淡之解讀

問：有位高階長官法令紋淺，眉毛奇淡無比，請問這相理要如何解讀？

答：法令深，眉毛濃，這是張先生二月中的提問，後續又提出，法令淺，眉毛淡的問題，老沈給的回覆如下：

法令紋主文書威嚴，長官法令紋越深，越堅持原則，剛愎固執，令出必行，行必果，威嚴十足，不苟言笑。面對這種長官，只能一板一眼，實事求是，不宜給高帽戴，恐會馬屁拍不成，反被馬腿踢到。

反之，法令紋淺之長官，做事沒有原則，就是他的原則。但是，因他任事懂得通權達變，手腕靈活不拘泥，所以，反而能給部屬一展長才的空間，換言之，誰是人才，誰便能有出頭的機會。

其次，眉毛主看論情義，眉濃情義濃，眉淡情義淡。眉毛淡之正面解讀是，個性隨和，不會拉幫結派；眉毛淡反向的解讀，則是對部屬或同事，情義稀疏，故不以情害義。這是兩者的差異所在。

提問者問，長官法令紋淺，眉毛奇淡無比，面相要如何解讀這兩種相理的結合？

蓋，老沈回覆面相提問，無不以符號作看論。因此，這兩組相理符號總括解說如下：

一、眉淡，法令紋淺，且能當上高官者，他必是「三輕格局」之相，即眉淡、鬢淡、鬍鬚淡，且膚色偏白，眼睛細長且亮。

二、長官眉毛淡，法令淺，生性隨和，官威不深，與其共事，不會呆板無趣，是可以開玩笑的長官。

三、但是眉毛淡，法令淺的長官，因缺乏原則，下達的命令會一變再變，當僚屬的應變能力要特好，否則會疲於奔命，更有永遠開不完的會議。

以上拙見回覆張先生的提問，不周全之處還請包涵！

二百八十二、法令紋鎖口不張解讀

問：請問，法令鎖口不張，又紋路內縮至嘴巴地閣下方，面相休咎要如何解讀？

答：法令紋生成有三個條件：

一、年齡增長，法令紋隨之正比例成長，如果年紀輕輕就出現法令紋，這是年少孤獨又辛苦之法令紋相。

二、法令紋的生長方向，通常與地閣骨寬窄相依附，地閣骨寬，絕大多數法令紋，會往嘴角外側斜下延伸；反之，法令紋壓嘴角，又尾端紋向朝內生長者，都以地閣骨尖削者見常。又地閣骨寬與窄，又與智齒有絕對的關聯。

三、法令紋與個性有相對的關係，個性開朗，法令外張；個性拘謹嚴肅，法令刻劃深長，若又是一副防人如防賊之心態，久而久之法令紋路就會朝向下巴發展。

江大姐問，法令鎖口，紋尾朝嘴巴下方，休咎解讀為何？

老沈給的回答如下幾點：

一、法令紋內縮，紋路朝內延長，可以推論，兩上下智齒年輕時早已拔除，以致懸壁不鼓，所以也可以再推論，腸胃消化不良。

二、相書說：法令鎖口是餓死之相。這條則雖成立，但要更進一步說明的是，法令鎖口，會因食道與口腔病變，不能進食而終亡，惟，現代醫學技術進步，該說法還有討論空間。

三、就事業運言，法令紋內縮，主晚運困頓不順，流年以52歲起算，到他不能呼吸為止，少有除外。

四、法令紋主人際關係，法令紋內縮者，晚年是王老五過年，一年不如一年。換言之，因事業不昌，個性孤僻，不擅交際，所以越活越鬱鬱寡歡，因此，這是為晚年孤獨之紋相。

五、如法令紋鎖口，但又尾紋向地閣外側延伸至莊田頸下，是為

　　　法令生腳，又稱金縷紋，這屬於好的紋相，論法與紋路內縮
　　　大不相同，不得不仔細分辨。
　六、就女生來說，法令鎖口通常是非元配之相，如果地閣開闊，
　　　下法令呈金縷紋或所謂的木偶紋，則主晚景昌隆，旺夫旺子
　　　女之紋相。
　以上回覆江大姐的問題，還請匡正補漏，謝謝您的提問。

二百八十三、菱角嘴之相理分析

問：請問老師「菱角嘴，不吃會喘大氣？」是否有此一說，此外，菱
　　角嘴還有其他看論事項嗎？

答：何謂「菱角嘴」？我們先界定它的嘴形，菱角嘴需要符合以下要
　　件：
　一、嘴巴兩端需是延伸的。
　二、延伸的嘴角需微上翹。
　三、上嘴唇尖上如含珠。
　四、唇色鮮紅如含丹。
　　菱角嘴可以看論個性、企圖心、口語表達能力以及文化水準。
　　菱角嘴者個性偏急，企圖心與占有慾特強，因此，俗諺說：「菱
角嘴，冇吃大心氣。」意指，他得不到的東西心裡會有一股悶氣。這
可以從菱角嘴的小孩身上，輕易得到驗證。
　　俗諺說：「嘴發珠，相辯不服輸。」故菱角嘴者，求知慾強，邏
輯表達能力特好，擅長表達，不鳴則已，一鳴驚人，是天生的演說辯
論家。

其次，菱角嘴是個美食饕客，交友廣闊，好客且不甘寂寞，是他不為人知的癖性。

以上回覆王小姐的問題，謝謝妳的提問！

二百八十四、兩眉頭鎖住印堂主困

問：請問老師，眉頭眉毛交雜，左右眉頭衝印堂，是主肺功能不好，還有其他影響嗎？

答：要回覆這問題前，得先說明，兩眉頭鎖住印堂的看論事項為何。

眉印的觀論，一是健康，二是個性，三是由健康個性延伸的智慧；其次，從這裡推論衍生出父母健康個性、人際關係、事業與男女婚情的變異關係。

其實，印堂的寬度是由眉頭決定，兩眉退印為最理想的印堂相理，兩眉交雜鎖印則屬劣相。

就健康來說，兩眉交雜者，先天支氣管弱化，不感冒則已，一感冒則容易支氣管炎或久咳不癒；晚年則以心肺功能疾病見常。而這樣的眉印相，是來自於父母的遺傳。

就個性而言，兩眉交雜者，個性急躁，沈不住氣，父母其一，個性亦是如是。

所以，兩眉交雜者，從健康加上個性的負能量，便可以推測出其人即使有點小聰明，但硬是缺乏大智慧。相書云：朝廷無鎖眉之相，山野無高額樵夫。因此，兩眉交雜者說會很好的人際關係，基本上是不成立的，職是之故，事業無法做大，財運也不亨通。

再就男女婚情而論，為何兩眉交鎖者婚情不蜜居多，原因很簡

單，肺功能弱下者，先天元氣不足，個性保守又急躁，加上中年事業遇阻，只能賺小錢，無法賺大錢，所以當心物兩乏下，男女婚情便難免要大打折扣了。

　　印堂位處面相十字帶的中心部位，是面相重中之重，當兩眉頭雜毛鎖住了印堂，負面影響之大，必須正視並妥為因應處理，不可小覷，其道理在此。

　　然而，相不單論，還得回歸到眼神，才能更精準掌握所謂的命運！

　　以上回覆台北邱先生的提問，謝謝您長期對老沈的支持！

二百八十五、眉毛由濃變稀疏之休咎

問：眉毛會變嗎？不知為何原因，我年輕時眉偏濃，年入花甲眉毛卻變得稀疏，要如何論其休咎？

答：眉毛會隨健康而變化，舉例來說，男生生活正常，修養到家者，年邁入50後眉尾會漸漸長出毫，此毫是為壽毫，是長壽的表徵；又如，精神分裂患者，眉毛會掉落到僅剩少許。

　　提問者林小姐說，眉毛由秀濃變疏淡，是何原因？按老沈多年觀相實務經驗，女生普遍存在晚年眉毛會疏淡的問題，其原因有二：

　　　一、上班族的女生經年畫眉，眉筆的化學溶劑傷害到眉毛毛囊，眉毛會因而脫落，所以與年輕眉毛相比較下，晚年眉毛就偏稀疏。

　　　二、眉毛與工作壓力及睡眠品質有關，長期壓力大，睡眠品質低落，傷剋在肝，對應在眉毛，眉毛尾端則會脫落而稀疏。

　　就觀論事咎的解讀，眉濃情濃，眉疏情淡；因此可以這麼說，年輕時好客熱情，廣結善緣多交朋友，年老了則熱情降低趨向平靜，與親戚朋友的互動，漸漸回歸平淡寧靜。

　　以上，簡單回應高雄林小姐的提問。祝平安健康，順利如意！

二百八十六、好的晚年運勢相理解析

問：請問老師，晚年的運，除了要把聲相納入之外，是否也要把法令及嘴相納入？

答：聲音是面相的一環，但往往被我們所忽略。太清神鑑云：「大貴之相有三，曰聲、曰神、曰氣。」這是求全在聲的主因。因此，聲相主宰晚年富與貴至鉅，可見聲相的重要性。

　　男生上好的聲相要潤澤、飄遠、響亮；女生則是語和，輕飄，潤澤。具備如上好聲相者，一生平順，晚運猶榮。

　　另外，聲音寄依在嘴巴水星，倘聲音不佳，如嗓破嘶啞，急躁話多，年入五十六歲晚運見困不昌。

　　如果聲音平常一般，無特優或劣，看論晚運就得要把法令、嘴巴與地閣一齊納入觀看。

　　好的晚運相理，法令宜寬深秀長，嘴巴水星宜開大唇能相互載負，且地閣骨還得城寬廓開，地閣骨朝上，這是晚景昌榮之佳相。反之，如果不符上列聲相、法令、嘴巴水星、地閣之相理者，則依劣相之多寡，去推斷晚運之好壞。

　　面相好好玩！以上回應戴小姐的提問。祝平安健康，順利如意！

二百八十七、以面相看問文昌

問：面相可以看出會讀書與不會讀書嗎？向沈老師請益。

答：與其說，面相無所不包，不如說，面相就是生活。

以面相看問文昌，可以分三個方面敘述：

一、用減除法來說，不會讀書或書讀得不好，約略有幾種長相：

　　1.額主聰明才智，所謂：無額不富，無額不貴。故額頭低窄、額無奇骨者，理解、記憶、直覺感差人一籌，所以不會讀書。另項的解讀是，額低陷者，因父母貧困，無法提供讀書環境。

　　2.眉毛主情緒個性，眉毛散亂者，安靜不下來，情緒控管不佳，難獲文昌星眷顧。

　　3.眼是精氣神所在，眼濁者神濁氣也濁，根本不是讀書的料子；又，眼睛特別圓大的，學習精神不集中，學歷普遍不會高。

　　4.膚色偏黑，生性慵懶，所以華人社會裡我們只見白面書生，少有黑面書生。

　　5.鼻子偏小或歪斜，先天體力不足，無法久坐，或秉燭夜讀，所以可以排除在資優班之外。

　　6.嘴巴上下偏厚、嘴形稜線不分、嘴唇尖凸、嘴唇鬆弛等，意謂反應遲鈍，毅力不堅，所以與文昌乏緣。

二、資質佳好，是讀書的料子者，如用正面列舉，是有如下幾個特徵：

　　1.額頭寬凸，有額頭奇骨，如懸天骨、三山骨、天城骨、華蓋骨，或日月角骨者，是先天讀書的料子。

　　2.眉毛清秀、貼順、尾聚，且根根見底者，情緒穩定，心靜得下來，不受外在誘惑，求學相對是優勢。

　　3.眼睛扁細長，形如伏犀眼、鳳眼、睡鳳眼、龍眼、或三角

眼,或眼皮成雙,形如明鳳眼、瑞鳳眼者,以上這些眼形者之眼神,有著共同的特徵,就是珠睛銳利含藏,這些是為過目不忘的眼相。

4.膚色白細者,天生貴相,如配合額寬、骨奇、眉秀、神藏,是為文昌星之面相表徵,當然能因書而貴。

5.嘴巴密合,稜線分明,邏輯、辯證、思維、毅力高人一等,是讀書的高手。

三、除上述正負表列外,容老沈叮嚀一點,那就是,凡有額頭受傷、髮際線不平整者,求學過程會遇上阻礙,簡單的說,不是重考就是延畢。至於後續能否再攻讀上去,就得要回歸到第二項各款中去比對,才能再進一步的論斷。

面相即是生活,用面相活出生命色彩,面相好不好玩?!

每個答與問,都豐富了面相棧的內容,謝謝廖先生的提問,還請匡缺補陋!

二百八十八、印堂與山根冒痘痘之解讀

問：請問，印堂與山根冒出痘痘，面相要如何解讀其事咎？感謝老師！

答：要說明這問題前，我們得先要明白，為什麼會長痘痘，又為何是長在印堂與山根部位？

臉上冒痘痘，是五臟六腑虛火旺盛的外顯，意味勞累過度，體質氣虛。

依人相法對照五官，印堂對穴是心肺，山根對穴為心臟，因此，如果印堂與山根冒出痘痘，可以推論是過度勞累，導致心肺功能負荷不了，故出現痘痘。

其次，按倒小人相法所指，女生之印堂與山根部位，對穴是生殖系統，該部位冒出痘痘，表示是生理期間，通常虛寒體質的女生，都會出現如是現象。

再進一步探討，印堂是人際關係總匯，當印堂山根出現痘痘，此刻當下，意表人際關係會有不愉快的爭執。

又，印堂山根冒痘痘，驗證在官非爭訟，是為敗訴的前兆；預測在事業財運，則是困業損財的外徵。

印堂山根痘痘，也可檢測男女私情，老沈就保留不說了，以免又有人要對號入座，引發情感風波！

解決之道，在養氣培元，只要身體健康，心情愉悅，印堂山根就不容易長痘痘。

以上回覆王小姐的提問，希望不會是妳個人的問題！

二百八十九、女生人中左外側長痣

問：見兩個女同事，人中左外側長痣，請問沈老師這痣相要如何解讀？謝謝！

答：女生人中外側痣，右稱食倉，左為祿倉；男生反向論之。食倉祿倉在面相36宮統稱為仙庫。

所謂仙庫，意指仙人的倉庫，這倉庫泛指房間、廚房、浴室、暗房等。食倉長痣者可以推論，居家暗房擺設零亂不整齊，換言之，回到家就是一副懶散，不擅室內整理與打掃。

食倉或祿倉痣，意味家有饕餮美食，所以這痣可以解讀是美食主義者，擅長烹飪，同時也是好客人家。

痣本身就是病的表徵，人中及其兩側是生殖運作系統對穴所在。因此，女生食祿仙庫部位長痣，意表子宮卵巢曾經病變，是婦科暗疾的符號，流年入45至53歲期間，則須防範子宮卵巢腫瘤這方面的疾病。

就其他休咎來說，食祿仙庫痣者，流年51歲至55歲諸事不宜，保守為要，投資尤須特別小心謹慎，並進行風險管理控制。

以上回覆台北邱先生的提問，謝謝洽購老沈隨身碟，祝您學習愉快！

二百九十、額頭受傷疤痕因應之道

問：請問老師，我兒子額頭中央前陣子受傷，真擔心，這傷對他會有影響嗎？

答：額頭受傷是不好的徵兆，老沈深怕回答後妳會不堪承受，但我還是得據實回覆並說明。

額頭是為上停，上停主父母師長，同時，也是當事人的年輕運途指標所在。

因此，不論男女生，只要是額頭受傷留下疤痕，對應事咎與因應之道如下：

一、首先會剋應在父母親的事業、健康與婚情。傷剋流年約略從兒子10歲起算，直到年入28歲後方休；其中以15歲至25歲為最嚴重。意表家道困窘不發，然而，如果兒子皮膚色白，日月角突起，俟兒子來到29歲起，家道會再中興。

二、如果說，妳已知道會有這方的傷剋，此刻當下，妳夫妻所能做的因應之道是，保持家庭和樂，千萬別作任何投資，另外，還得看護好自身健康。

三、兒子會有叛逆個性，生性不服輸，創造力強，但求學過程則會遇上阻礙與挫折；這種額相者，如果能學得一技之長，反能異路榮發。

四、如傷在天中部位，就得要特別在意他的外在行為，因為這般額傷者，最容易誤入歧途。

五、額頭受傷的子女，個性燥烈，會與父母頂嘴，當媽媽的只能以母愛、寬容與擁抱，以水制火，才能澆息他那暴燥的惡火。

以上老沈謹列五點回覆,請翁小姐參閱。面相有物有則,物則相應,但也有例外,那就是,認識自己,正向思考,以行動改變自己與兒子,你家便會是那除外的幸運者!祈盼加希望,賀母親節快樂。祝福您!

※有關額傷問題,建請翻閱《面相故事》第13篇,或《面相筆記》額相、父母宮章節。

二百九十一、中年人沒有法令紋之解讀

問:沈老,請問一個中年人沒有法令紋,就單一論相而言,要如何解說?

答:稱我沈老,大概可以想像的是,這位提問者與老沈是有著數十年的情誼。既然是老朋友提問,我焉能不詳實回覆。

法令紋位在鼻兩翼勾陳下,它是隨著年齡成正比生長出來的紋路。紋路相理以寬、深、秀、長、對稱為佳相,反之則否。

實務驗證上,一般在年齡來到36歲許,微笑時紋路會隱約可見,40歲後笑起來紋路會超過嘴角,年入50歲許不用笑紋路已清楚可見,這樣的法令才是常態之紋相,過與不及,都屬非常態之紋相。

年入中年,這中年的界定,應該以40歲至60歲為計,人如果來到中年,看不見法令紋,單就這紋相來說,可以歸納出下列休咎對應:

一、法令紋是泌尿運作系統所在,無法令紋或紋路不明顯者,泌尿功能偏弱,無法有效排出體內普林,所以中晚年容易患痛風疾病。故宜戒海產過食。

二、法令紋象腳足，紋無、紋淺、紋斷續者，先天腳足力道乏勁，無法長跑或登山；晚年腳足提早退化，且會有酸痛麻的生理問題。

三、法令主威嚴，無法令者，不會板著老K臉；因平易近人，為人隨和，因此，缺乏一股威嚴感。

四、法令主文書與原則，法令深長，特是剛愎，特有原則，故食古不化；法令不顯者，性格多變有彈性，沒有原則就是原則，因此，做事裹足不前，朝令夕改。

五、法令主事業根基，中年人無法令紋者，事業工作不一而終，以中途轉業見常；至於工作轉換會更好或更差，還得搭配其他部位相理觀論。

六、法令紋深，恨深仇也深；法令紋淺，恨淺愁也淺。又沒法令紋者，是可以開玩笑的甘草人物，反之，紋深者，不可以隨便開玩笑或拍馬屁，開拍過頭，小心會被馬腿踢到！

以上列舉六點回覆「古典美人」的提問，謝謝簡大小姐，祝您母親節快樂！

二百九十二、下巴長赤痘購屋會有糾紛

問：請問，我準備買房子但最近下巴長赤痘，可否就這痘相給分析嗎？謝謝沈老師！

答：這是一位求相的先生提問，但因老沈沒開館設硯，所以不接受個人求論，只好以答客問回覆。

買賣房地產面相的看論點，離不開四個部位，即是眼瞼、印堂、鼻準與下巴。

老沈就以下巴做論，下巴有違章建築，如斑、痕、痣、紋，痘者，一生中買賣房地產，都會遇上糾紛。而上列這些違建符號，以痘痘非屬常態，是一時間突然冒長出來的符號。

從下巴看論房地產買賣，當下巴出現赤痘，時間點適巧在購買賣房地產決策前，這顆赤痘痘就是個警訊，它在透露，此刻當下不宜做出房地產交易的行為。

倘若如果我們不懂也不知這顆赤痘背後所代表的兆象與警訊，貿然做出買賣交易，那結果會是一場沒完沒了的糾紛與爭訟，因此房地產買賣務必審慎擇機，不可倉卒貿然進行。

雖然，老沈婉謝了這位先生的求相，但我願意以答客問回應，並與大家分享，只希望大家都能認識並理解赤痘與房地產買賣的對應事咎！

以上見覆，祝心想事成！

二百九十三、鼻樑骨扁平主貧困交迫

問：請問，成年男士山根低陷，鼻樑骨扁平，面相對應事咎有哪些？期待老師解說。謝謝！

答：這問題可以多方面作講解，老沈就以健康、自信、事業，財帛與疾厄分別說明。

一、就生理健康來說，按小人相法圖對應在鼻子，鼻樑主脊椎，鼻子扁平先天骨骼發育不全，因此，中年就有腰酸背痛疾症。又山根對穴為心臟，山根低陷或狹窄者，心臟功能先天不足，又會提早退化，所以這般的鼻相，壽考不長。

二、以個性分析，鼻為一面之首，鼻大志長，鼻小志短，此志短是因為缺乏自信心，缺乏主見所致。因此，鼻小者無恆敵，那是天生畏縮，只能被役不能役人。

三、承上、既然鼻短志小，鼻短受役於人，所以在事業上無特殊成就，終其一生，只能屈居低下勞動階層。

四、鼻子主財帛，鼻大財豐，鼻小財薄。據此而論，山根低窄又鼻樑扁平者，財帛不豐，家無隔夜存糧，貧窮是他的代名詞。

五、從疾厄方面而言，貧窮與疾病是好朋友，鼻子扁平者，不病則已，一病不起。因為五臟六腑運作外徵在鼻，鼻樑不起，經絡氣血循環不良，故疾病抵抗力不足。這也是斷論促壽原因所在。

以上回覆棧友今晚的提問，請參酌並賜正補闕，謝啦！

二百九十四、以面相探討長壽外徵

問：某電視節目面相老師說：兩旁命門長斑是壽斑，主長壽。請問這論點成立嗎？

答：面相走入電視節目，是從鄭弘儀主持的《新聞挖挖哇！》開啟先河，那年當紅人物，非蕭湘居士莫屬。

自蕭湘大師身故後，面相後起新秀，無不藉機在電視媒體大鳴大放，似乎已蔚為風潮。

吳先生提問：兩旁命門長斑是壽斑，主長壽。其論點是否成立？這問題容老沈回應如下：

一、斑是細胞老化的外徵，這與長壽跟本扯不上關係。

二、耄耋長者，未必臉上都會長斑，但是老來生理機能退化，臉上多少會有斑斑點點，這倒也毋庸置疑。

三、如果說，把斑論斷為長壽表徵，這是十分可笑的說法。因為，耄耋之年長斑是為常態，倘若是五、六十來歲許，臉上就佈滿黑斑，這是宵旰殷憂、日夜過勞，血管細胞萎縮硬化的生理反射，這豈是長壽之徵？

四、以斑論長壽，只見樹不見林，這說法不完全成立，容有商榷餘地。以面相探討長壽外徵，要有多方面的條件搭論，舉例來說：

　1.氣色常明

　2.印堂寬敞

　3.眉毛秀長

　4.眼珠明亮

　5.耳朵長厚

　6.鼻樑寬厚

　7.人中深長

　8.法令深秀

　　　9.地閣朝上

　　　10.髮質光澤

　　　11.頸項有紋（人瑞之紋）

　　　12.聲音宏亮

五、符合上列條項越多者，越是長壽。至於以骨相看論長壽，後
　　腦勺骨突起如球者，也屬長壽之徵。

　這是個好問題，老沈就以上列五點作覆。謝謝吳先生的問。

二百九十五、福德宮有傷痕對考運有影響

問：請問，福德宮有傷痕會影響考運嗎？除了考運福德宮還可以觀論
　　哪些休咎？謝謝！

答：福德宮位在眉毛上緣一指幅處，相書指出，考運要看福德宮，福
　　德宮傷痕是會影響到考運，但這還有但書。

　　福德宮受傷對考運的影響，僅只限制對應在年輕人，如果是第
一次參加聯招或國考，會是名落孫山；若是僥倖順利考上，求學或履
職，恐會出人意表的不順利。

　　從福德宮論考運，請別忽略氣色，氣色才是考運的重要關鍵。凡
能上榜的莘莘學子，福德宮氣色總是亮麗黃明；反之則否。

　　福德宮除了論考運，還可以看論的休咎還真不少，舉例來說，如
祖德、己德、官訟、財運、與貴人緣等，都與之有關。

　　總結來說，福德宮有斑、痣、痘、痕、紋等，是屬於不好的符
號，但這不重要，福德宮氣色要明亮，才是重中之重。因為福德宮出
現黃明潤亮，這亮光又稱之「陰騭光」是為祥光，「陰騭光」是可以

弭平違章之劣。

　　然而，「陰騭光」並非人人都會有，只有德行端正，暗中行善積德者，眉毛上頭才會有這道光澤。

　　以上回覆江先生的提問，祝令郎金榜題名！

二百九十六、內弓牙之相理分析

問：請問老師，女生內弓牙，要如何解相？又流年來到六十歲，需要在意防範與因應哪些事咎？

答：問題十分清楚，是如何解讀內弓牙，與來到60歲要對應哪些事咎。

　　我們先來介紹什麼是內弓牙，再來解說要在意哪些問題。

　　所謂內弓牙，係指上牙床內縮，下牙床齒列包住了上排牙齒。故稱為內弓牙。

　　通常內弓牙者，會有一種情況，就是牙齒排列參差不齊，如果內弓牙又齒列不整齊，這樣的牙相是不好的，它對應休咎會有以下幾項：

一、從牙相看健康，門牙對穴在腎臟，又人中是百穴匯衝點，因此，內弓牙者，會因上下門牙無法正常扣齒，所以後天腎臟元氣不足，年入中年便有腰酸背痛疾症；同時，因牙齒無法正常咬合咀嚼，唾液不足，胃腸則偏寒弱。

二、牙齒為水星門戶，主儀表觀瞻，牙齒內弓或參差不齊，自信心不足，生性羞怯，不擅交際，會有見人矮半截的自卑感，且玻璃心，被當面指責後，會好一陣子才能弭平內心的難

過。但這樣的牙相者，卻十分本份守規矩。

三、就與父母親情來說，凡內弓牙者，與父親緣薄，會是母在父
先走。且父母行業以勞動階層見常。

四、嘴巴水星主60歲流年運，內弓牙者因不擅表達，且上下牙行
成天地交戰，因此，這種牙相流年60歲便是個關鍵年，需注
意防範事項有四：

1.健康會大滑落，建議經常扣齒，扣齒可以刺激穴道經絡，
用物理來調整生理。

2.少開口生是非，舌動傷元氣。內弓牙者，年入56歲至64歲
會因說話被曲解，而惹來口舌是非，60歲尤甚。只有少開
口，才能避開這些不必要的困擾。

3.嘴巴水星位居下停當陽中央，下停主子女，也主不動產。
當內弓牙來到60歲，天地交戰之年，全家人要低調，否則
會為子女行為舉動，擔心擔憂；同時，家產會莫名流失。

4.內弓牙者，多半下巴偏長形成戽斗狀，因此晚年得注意心
臟疾病。

以上的答覆，一半來自相書，一半則是老沈實務經驗談，請蔡小
姐參酌為禱！

二百九十七、天庭與鼻準黑痣之解讀

問：網路某面相老師說：天庭與鼻準黑痣是富貴痣，請問沈老師的見解呢？願聞其詳！

答：樹林子大了，什麼鳥都有。面相拜網路之賜，已進入百花齊放，百家爭鳴的空前盛況，優秀老師很多，未完全入門的也不少，如何分辨香花與毒草，就憑著自己的智慧去判斷了。

也許老沈孤陋寡聞，把天庭痣或鼻準痣說成富貴痣，這可是我第一次聽到。所謂：面無善痣，既使天庭、鼻準是漆亮或是硃砂痣，在老沈習相與實務經驗中，這兩顆痣都歸屬不吉之痣。

蓋，天庭部位是事業宮所在，天庭痣是屬違章建築，該痣對事業阻礙很大，怎麼會是富貴痣呢？女生天庭痣，是為夫辛勞之痣相，既是為夫辛勞，表示先生事業不圓滿，又哪來的貴氣可言呢？所以，網路某師的說法，大有再商榷的空間。

又，只要是鼻準痣，對男生的解讀是，因色惹禍，因色損才；女生的解讀是為夫辛勞，先生事業於女方45至50歲許，會遇到瓶頸；且只要是鼻準痣，也主腸胃疾病，所以它是不好的痣相，這與富貴是風馬牛不相及，毫無關聯的。所以，這位老師的說法，不知出自於哪個文獻依據。

面相是種符號學，符號休咎的好與壞，吉與凶，都是經驗統計的歸納，符號解讀錯誤，斷論所謂的命運，會是南轅北轍，大差矣！

以上回覆張小姐的提問，妳第二個問題，容老沈有空再作覆！謝謝！

二百九十八、眼瞼痣與仙庫痣非善痣

問：眼瞼痣與仙庫痣並非善痣，何以某網紅面相老師說，這也是富貴痣？可請老師說分明嗎？

答：面相的條則論述，不是抓到籃子便是菜。

有關張小姐，接連質疑某師對富貴痣的論法，偏離真相。老沈只能說，如果不是我學藝不精，孤陋寡聞，便是這位網紅老師，把這些痣相錯解了。

何以見得？老沈分別說明如下：

一、把眼瞼痣解讀為富貴痣，大非也。原因如下：

　　1.眼瞼痣多數來自生理遺傳，父母有胃腸宿疾者，子女其中一、二人眼瞼會長痣。

　　2.眼瞼痣是房屋龜裂的表徵，外面下大雨，屋頂下小雨，即使搬遷再三，還是有屋漏偏逢連夜雨的困擾。

　　3.眼瞼痣又稱說謊痣，在兩害相權取其輕之下，會選擇性的說善意謊言。

　　4.眼瞼痣的人，出國旅遊會搞出烏龍事件，舉例來說，如護照失而復得、如迷路脫隊、走錯房間、購物沒帶錢……等等，不傷大雅，卻讓人莞爾一笑的事件。

　　5.該網紅師，以明星周○倫眼瞼痣為例，恐是先射箭再畫靶，這樣的說法，普遍性不足。

二、把仙庫痣比喻是富貴痣，大錯也。原因如下：

　　1.嘴唇上仙庫是生殖系統所在，仙庫痣是生殖系統病變後的表徵。

　　2.仙庫主仙人的倉庫，仙庫痣代表好客，願意將美食與朋友共享，因此有饕客痣的美稱。

　　3.仙庫主暗室，所謂暗室泛指寢室、浴室、儲藏室；仙庫長痣者，自家暗室零亂，不善整理，不常整理。

4.仙庫痣是損財痣，損財流年在54、55歲。如果說仙庫痣是富貴痣，那請問54、55歲損財，這又要如何自圓其說呢？

5.該網紅師，以藝人陶○瑩仙庫痣為例，這說法也太牽強了吧！

網路說相，「土地公吹笛子，老腔老調」猶可取，若是標新立異，沒有論點依據，恐會淪入瞎子摸象，這，不可取也！

以上回覆張小姐第二個提問，祝平安健康！

二百九十九、昌家旺夫之媳婦相理

問：閩南話說「媳婦材難找」，請問，何謂「媳婦材」可以請老師分析說明嗎？

答：一個家庭要發貴發旺，且能累代昌興，娶媳婦絕對是重點關鍵，有句閩南諺語說：「播到歹田壞一冬，娶的歹某歸世郎。」可見娶媳婦會是你或家族一生的賭注。

所謂的媳婦材，就是面相所說的昌家旺夫之相，能夠昌家旺夫的女生，長相不外要具備下列幾點：

一、額頭宜寬闊適中，太高寬或過於低窄都不好；太高寬會壓抑丈夫的光芒，太低窄則難登貴婦之列。

二、眉毛如柳葉微拱，不宜過於粗濃，粗濃者勞碌不逸，也不宜過淡散，眉淡眉散駕馭丈夫無術。

三、眼睛形狀宜扁細，眼神要定且和惠，不符這相理者，便是缺乏一股貴氣。

四、印堂要開闊平整，印堂開心胸大，印堂窄胸襟窄；如果兩眉

侵印堂，丈夫事業會經營得很辛苦。

五、鼻子為配偶座，女生鼻子厚寬高起，丈夫會有很高的社會地位，與經濟條件。閩南諺語：「歿（塌）鼻糟某嫁嘸好尪。」意思是，鼻子偏小、短、塌的女生，旺不了丈夫，丈夫會賺辛苦錢，又乏社經地位。

六、耳朵宜厚長且正，耳朵乏珠垂且反耳骨，個性強悍，不受約制，夫妻情感不蜜；家不和又何來昌家旺夫呢？

七、人中宜寬深長正，人中相理好，婦科疾病少，氣度不凡，能生育健康子女，反之則否。君不見那些貴婦們，哪個不是人中寬深長正的。

八、嘴巴大小適中，嘴角忌下垂，且上下唇能相互載覆，說話不疾不徐，音潤聲輕，違此相理者，晚年家運不順。

九、下巴要飽滿，地閣骨得微微朝上，忌諱尖削或內縮，因為有好的下停，才能養育出優秀的下一代，說更直白點，女生下巴相理佳好，能旺子女又旺及孫輩。

十、以上是媳婦材五官的分析說明，至於身材的要求，不忌高矮，只忌屁臀沒有肉，相書云：「臀厚子多益。」又，皮膚越是細白，越顯貴氣，如果膚色過黑，肯定要扣分，不是嗎？

以上是老沈對所謂「媳婦材」的分析說明。問題來了，什麼鍋配什麼蓋，誰家郎啊！又哪來天大的福份，娶得好媳婦？自己掂掂斤兩去吧！

以上敬覆黃太太的提問，我也要問？您有燒好香的香嗎？有趣！

三百、太陽穴奸門痣會傷剋男女情感

問：您好，我想請問太陽穴的痣是好是壞？點掉可以嗎？

答：這位小姐問，太陽穴奸門痣好或是壞？可以點掉嗎？

老沈給的答覆如下：

一、太陽穴泛指奸門部位，奸門是面相十二宮其一之夫妻宮或稱男女宮所在，這部位主要看論夫妻情感、男女私情。

二、奸門又稱姦門，奸門長痣這痣相屬桃花痣，因此，奸門痣者，異性緣好，一生中多少會惹來異性桃花。

三、女生奸門痣在右，桃花來自主動，痣在左則屬被動。男生則反向論之。

四、楊小姐問，這痣點除好嗎？哈哈哈！點不點操控在個人，倘若我心正向，情定於一，點心比點痣更好；如果朝三暮四，心猿意馬，即使痣點上好幾回，還是分期多偶，多偶分期罷了。不是嗎？

面相好好玩！暗情就寫在奸門痣上！

面相奸門會洩漏天機，希望各位別對號入座，如果出事了，容先聲明，這事與老沈無關，我也沒辦法掩護你們呢！

以上回覆楊小姐的提問，希望自己別來對號入座！

三百零一、W型下巴的對應事咎

問：老師好，有關W型下巴臉相是否主離婚，可請老師分析否？謝謝！

答：從面相談離婚，離不開神秘十字帶區（額頭中央直下至水星是為縱帶區，兩眉眼橫劃為橫帶區，縱橫帶交叉是為十字帶區）。

十字帶區違章建築符號越多，離婚率越高。

當代離婚率十分高，根據統計顯示，台灣每五對夫妻，就有一對離婚。這些離婚者的面相符號，多數落在神秘十字帶區，少數則否。這些少數離婚者，在面相完全看不出端倪，但卻是離婚了。這個盲點，對面相探索者就是一項考驗。

據老沈所知，W型下巴的對應事咎有：

一、居家寬敞，住的是大豪宅。

二、小腦發育不健全，難擁名校學歷。

三、晚年與小孩有代溝，小孩會讓其擔心擔憂。

四、相書與實務上，未見它與婚姻有關。

宋小姐問：有關W型下巴臉相是否主離婚？這點，在老沈面相實證上，並沒有遇上這類的實例。至於，W型下巴是否主離婚，其存在與否，還待大家進一步觀察求證。

以上回覆宋小姐的問題，不周全處請見諒海涵！

三百零二、小孩肥胖膚偏黑主貧困

問：請問老師，何以小孩既肥胖又膚色偏黑，是貧困的表徵？

答：面相是門統計歸納，雖沒百分之百的準確度，但落點在百分之
　　八十，就具有參考價值。

　　從小孩的額頭、眼神、印堂與膚色四個方面，是可以判知小孩家
庭的某些情況。小孩肥胖膚黑是其一。

　　就以膚色為例，黑色主水，水性趨下不爭，如果小孩膚色偏黑，
象徵父母運勢冰寒不熱，事業與婚姻，困阻不順暢。基本上，可以推
論家庭貧困。

　　再者，小孩膚色偏黑，體態肥胖，是為「賺少吃多」之外徵。
另外，依老沈田野觀察的歸納，貧困家庭的小孩，少有膚色白細者，
又，小孩膚黑且胖，父母多數以低下勞動階層見常。

　　更有趣的，小孩既肥胖又膚色偏黑者，額頭多半是偏低窄的。

　　以上回應林小姐的問；林小姐又問，皮膚白與黑，命運有何差異
性？容有空再給回覆。謝謝！

三百零三、膚色偏白主貴氣

問：面相有所謂「一白遮三醜」之說，請問，為什麼膚色偏白主貴
　　氣？與命運有何差異性？

答：以膚色論貴賤，只是個參考值，不是絕對值。

　　從田野調查統計分析可以得知，如果膚色分三等級來說，一級的
膚色偏白與三級膚色偏黑，兩者相互比對，我們會發現，膚色偏白的

人，多數人位居上層社會，例如高級文官、高階管理者；反之，膚色偏黑者，委身居於勞動階層，倒也見常。

就實務來說，坐辦公室的，勞心不勞力，吹冷氣，不必曬太陽，所以細皮白嫩；勞動階層的朋友，勞力不勞心，工作場合多數曝曬在大太陽底下，膚色當然白嫩不起來，這也是常態。白與黑，貴與賤，是有點關聯性，但未必是絕對的。

俗諺說：「一白遮三醜」，面相云：「一貴抵九賤」，皮膚偏白是有天生贏家的意思。但也僅供參考而已。

又，膚色黑與白我們無從選擇，黑與白，一是來自基因遺傳，其次是天生本命帶引，是否涉及因果輪迴，老沈就不得而知了。

再者，如果我們認識到，職業無貴賤，天生我材必有用，那麼就不必太在意膚色是白或是黑。

其實，老沈最是在意的是，千萬別讓你紅色的心變黑了就行了！心的紅與黑，跟命運才有明顯的差異性！不是嗎？

以上，回覆林小姐上回的提問；我臭蓋了，請大家包涵！

三百零四、印堂氣暗主居家陰氣重

問：請問，從面相看論陽宅偏陰氣，除了兩眉交鎖外，可有其他部位或符號可判讀嗎？

答：丹麥存在主義先驅齊克果，在暗夜裡與上帝對話，證明上帝與他同在；老沈暗夜裡與鍵盤對話，旨在證實面相的真實存在。

這位張先生的提問，似乎已涉及面相的第三度空間，老沈給的回覆，恐怕難以用科學角度，證明它的存在。

　　今天老沈談相譜文中提到，兩眉鎖印者，其出生宅地偏陰，偏陰的意思有二，一是宅門曬不到陽光，其二是宅地不乾淨，陰氣沉沉。

　　提問者張先生，應該是陰陽宅術界高人，才能提出面相界，少有人探索，且又重要的問題。

　　從面相判讀居家是否為陰氣重，除了可從印堂不開作論，還可以從氣色來斷論。

　　一、兩眉侵印，印堂氣色暗滯不明。

　　二、日月角氣色朦灰，明堂不亮。

　　三、臉上暗沉多斑，一副老臉無光的晦氣。

　　四、耳背鯗黑帶赭氣色。

　　五、眼珠血絲貫瞳，淚堂暗青。

　　有上列其中三項以上者，是為家宅帶陰氣的外顯。舉例來說，住家靠近墳墓塚堆者，不難發現會有以上這些氣色符號。

　　面相雖局部不科學，但千萬別忽略它的存在，這是門老祖先以無數生活經驗，類比歸納出來的結晶。

　　那些年，老沈為探索面相之奧妙「三更有夢書當枕，半夜懷人月在峰。」古人以為讀書、交朋友、遊山玩水，三者應融為一體，可是知識卻是我們永恆的財富。枕書就是相書，懷人就是驗證；書與人交叉比對結果，履驗不爽，證明了面相古神秘文化真實存在在我們生活中。

　　以上回覆張先生的提問，同時，祈請術界方家，賜正補闕！

三百零五、眉中長痣非屬富貴有福

問：某面相影片說：女生眉毛中長痣，代表富貴有福，非常稀有，千萬別點掉。請問沈老師的看法呢？

答：閩南話有句：「蝦龜仔麥輪得咳！」意思是，看不慣的事總是會鳴出不平之聲！

鄭先生所指的影片內容，老沈點閱看了一遍，片中所指的幾顆所謂代表富貴有福的痣相，在老沈的看法，認為言過其實，虛而不真。

就以眉中長痣為例，這顆痣根本談不上是富貴有福。

何以見得？老沈的看法如下：

一、女生眉毛論貴，以眉毛居額退印、貼順過目、形如柳葉，且沒有違章建築，才屬於貴相。

二、眉為兄弟宮。眉中生痣是違章建築物之一種，主兄弟手足不吉。

三、就健康問題來說，眉毛為手臂外徵，眉頭主肩膀，眉中主手臂尤指手肘，眉尾是手腕；痣在眉中，意味將來手肘會意外受傷，造成酸痛痲痺。

四、眉為財倉，眉中生痣是為財倉破洞，一生中會被手足或朋友，重大倒債至少一次。

五、眉為一臉之華表，華表有黑痣之瑕疵，又怎能論富貴呢？

六、如果說，眉中痣主富貴有福，充其量，只能說眉中痣者，聰明敏捷罷了。至於論富貴得福，是有點牽強。

就面相實務上，在老沈眼皮下，所看過眉中長痣者，都不是富貴有福之人。

因此，女生眉毛中長痣，代表富貴有福乙節，老沈持不同看法；同時，如上回答鄭先生的問題。

俗話說：樹林子大了，什麼鳥都有！老沈旨在揭開面相神秘面紗，對那些不知名的鳥，並沒有批判之意。容此聲明！

三百零六、眼動觀心的釋義

問：面相有「眼動觀心」之技巧，可否請沈老師釋義之？謝謝！

答：這是一則極有深度的問題，提問者吳先生想必也是相學高手。

　　孟子說：「存乎人者，莫良於眸子，眸子不能掩其惡，胸中正眸子瞭焉，胸中不正眸子眊焉！」西方心理學家愛默生說：「眼睛會說話，眼睛所說的話是世界共通的語言。」

　　從這兩位聖哲對眼神的描繪，不能否認的，面相確實能「眼動觀心」。因為，心為裡，眼為表，故觀表知內。

　　如何「眼動觀心」，老沈歸類分述如下幾點：

　一、眼球如閃電之快者：這種人，思維敏銳，精明過人，雖有小成小就，但長期處在警戒狀況下，且狐疑心強，為事必見九密一疏，故成就難以持久。

　二、眼球動作遲緩者：凡眼珠轉動緩慢，幾近遲鈍，其人資質魯鈍，反應慢半拍，對切身關係的事情，無關緊要，得過且過，這種人沒大作為，只能過平凡的日子。

　三、眼珠不停閃動者：第一個解讀是，極端缺乏安全感，所以眼珠閃爍不定，如受虐兒童；其次，內心意圖不軌，眼珠會左漂右盪。

　四、瞇眼視上者：這眼相，如同我們常說的，是眼睛長在頭頂的人，他會瞇著眼露出下眼白與人對話，自視自傲奇高無比，一副瞧不起人的眼神。

　五、低著眼看人者：習慣性低下頭，不以正眼看人，通常見諸於缺乏自信，或曾為過非羞愧見人。還有，心中私密不欲人知者，很怕正眼看人，深怕眼神會洩露內心的秘密。

　六、斜視偷視不神正者：視斜心邪非君子；又，眼善心善，眼惡心惡，故斜視偷視不神正，是小人之眼相，會為利出賣自己良心。

七、眼睛半開半閉者：這種人必是狡猾之徒，因為其眼睛在半開半閉中，充滿著算計，故不可交心。這也屬於好色眼相其一。

八、神定平視和惠者：眼正心正，眼定心定，有這種眼相者，心胸坦蕩，生性仁慈，可以是忠誠可靠的朋友。

以上是「眼動觀心」一詞的釋義，也許還有更好的解釋，還請棧上好友匡正補充，謝謝吳先生的提問！

三百零七、魚尾紋對男女情愛之解讀

問：請問老師，如何辨別魚尾紋多或少，又那種魚尾紋才是好紋？
答：魚尾紋是眼尾的皺紋，隨年齡增長，眼尾多少多會出現魚尾紋。

魚尾紋生在奸門部位，是為夫妻宮，故魚尾紋可以解讀男女情愛，紋不宜過多過亂，或單一而長。

通常魚尾紋，以兩至三條為常態，且要紋路朝上為吉，代表夫妻相處和樂，可享配偶情愛，與配偶錢財；紋路向下則屬不吉，意味男女婚情不蜜，易以離婚收場，紋路愈多愈長，更是應驗，就實務而言，還真履試不爽。

相書說：皺紋若剪，慎防凶險。意指魚尾紋多，朝上下方生長，形如剪刀，個性倔強，憤世嫉俗，是險阻孤苦的紋相，主勞碌見凶。

奸門為肝腦穴位，女生魚尾紋過多，如屬元配正室，象徵精神與物質生活兩缺，或勞累過度，才會皺紋增生；如果是男生，那麼不用問，便知其人是情慾甚炎，因為，奸門魚尾部位與小腦性慾中樞有關，紋路越亂，房事越多，這是生心理運作的紀錄。

　　至於，單條魚尾紋劃破奸門，這是不好的紋相，對內色屬內在，對外笑臉拍合，意表著夫妻不和睦。

　　以上回答翁小姐的提問，好問題，謝謝妳！

三百零八、白眼球長痣之對應事咎

問：請問沈老師，眼睛白眼球長痣，要如何解讀休咎？謝謝！

答：眼睛宜黑白分明，不宜有血絲、青點或生痣。白眼球長痣，是為不好的眼相，其對應事咎有三：

一、眼睛稱為太陽與太陰，眼睛主情緣，白眼球長痣，多數會傷到婚情，流年就在37、38歲。早期香港影星潘〇紫就是案例。

二、白眼球長痣，是為太陽太陰失陷，故會影響中年35至40歲流年運，舉凡這6個流年不宜投資，如貿然投資多數見敗收場。

三、眼睛辨忠奸，眼白生痣或青點者，會有選擇性的謊言，眼白一顆痣便成立，如果是二顆痣，說謊成性，就毋庸置疑了。

四、眼白青點如痣，這青點是內傷的表徵，至於受創撞傷部位在哪裡，則要以青點位置在眼白上或下面，以及偏內或偏外作標定，就能精準點出受創撞內傷的部位。其事咎的論法得加上內傷引發的乾咳外，其餘論則同上。

五、眼白生痣，如果眼珠又黑白不分，一生敗多成少，甚至可以說是破祖敗業的眼相。

　　面相好好玩？面相無處不玄機，懂得符號的對應休咎解讀，你便

能掌握生命的密碼！

　　以上回應蔡先生的提問，這問題很具挑戰性，老沈喜歡接受冷門問題的挑戰。謝謝你！

三百零九、痔瘡或大腸癌的望診

問：請問，痔瘡或罹患大腸癌的病人，能從鼻子望診得到嗎？

答：回答這問題前，老沈得先說：有諸內必形諸外，五官與五臟互為表裡。因此，五臟疾病雖不是百分百寫在臉上，但至少可以說，只要疾症符號明顯，便能「望而知謂之神！」

一、從五官望診痔瘡，宜從三方面看論：

　　1.左眉頭上緣為腸胃對穴，該部位長痣，除代表腸胃疾病，它還是痔瘡的外徵。

　　2.鼻樑中段年壽部位長痣，不論男女都可推論痔瘡，骨多於肉者更驗。

　　3.鼻樑結節者，也是痔瘡高風險族群，以木形人見常。

二、檢視大腸癌的要領有二：

　　1.鼻準、鼻翼偏厚實者，是大腸腫瘤的高風險族群。道理很簡單，準圓與鼻翼特厚實者，腸胃壁偏厚，當瘜肉增生時，自己不易感覺出來，當瘜肉引發病變時，糞便會帶血，意味這已是大腸癌症二至三期了。

　　2.身體五臟有腫瘤或癌症，訊號會傳送至耳朵，耳朵表皮會出現砂粒如棘，這耳棘用手可以觸摸出來。

健康很重要，但沒有幾個人能自我望診健康，殊為可惜！

　　這提問屬健康問題，老沈就不保留大公開，希望能喚起大家的注意，謝謝陳小姐的提問！祝大家平安健康！

三百一十、生男育女與剖腹生產解析

問：請教老師，我有一女性友人連生三胎都是女生，且都是剖腹生產，請問面相相理上，有特別的符號嗎？謝謝！

答：面相有關生男育女，與剖腹生產的相理符號，老沈在過去發表過的文章，著墨不少，可以試著翻閱瀏覽。

　　就這則問題答覆，老沈有一說一，依序回應如下：

　　一、連生三千金：

　　　　1.女生人中平滿，又嘴唇乏珠，生女多於生男。

　　　　2.男生嘴珠不明顯，呈鈍角形狀，或眉毛是屬於八字眉形，主生男少，生女多。

　　　　3.如果夫妻兩人，嘴唇都沒有嘴珠，當然是生男不易，生女多，生個三、四、五千金都不會是意外，我還驗證過生了七仙女之夫妻，其人中嘴唇乏珠之相呢！

　　二、剖腹生產：

　　　　1.女生額頭骨過於寬凸，主骨盆腔偏窄，故生產不容易，需要剖腹生產。

　　　　2.女生露牙齦，示意著產道神經反應遲緩，所以得要施以剖腹生產。

　　有關這類文章，在拙著《面相解密》、《面相筆記》、《面相故事》、《面相答客問》等四本書裡都有提到，如需更進一步瞭解，請

回頭翻閱。

　　請別對號入作，謝謝王小姐的提問！

三百一十一、小三的相理怎麼看

問：請問沈老師，從面相可以看出是小三嗎？願聞其詳！

答：面相好好玩，面相問題無奇不有，從面相看小三、小王就是例子。

　　小三是這年代新創名詞，按古代相書並沒有「小三」一詞，古面相文獻只有元配（妻）與非元配（妾）之區分，或者說貞節烈女與人盡可夫的兩分法。

　　時代變遷了，過去只有家庭主婦，現在則多職業婦女；過去沒有手機，現在除手機還有平板電腦可以約會；過去偷腥只能如紅燈高高掛，帶著草席在高粱田裡，互換有無，或者相約後壁溝草棚裡，一解額外的生理需求。

　　時代不同了，男女同事變同室，親密戰友不時在汽車旅館「交戰」，砲聲隆隆，在這一群男歡女愛中，有人姓王，就有人姓三。姓王也好，姓三也好，多少臉上都會有著特殊的符號。

　　從面相看小三？臉上的符號可以是這些：

一、講起話來表情特多，如擠眉弄眼，這種相帶著三八、三八的意味，紅杏不出牆才怪。一般對女人舉止輕浮，做事魯莽、瘋瘋癲癲、不夠莊重之貶稱為三八，源自歌仔戲彩旦。

二、眼瞼尾段鼓鼓的，荷爾蒙分泌旺盛，性慾特強，一個不夠殺，一殺可千個，不信你看看「鴇」字怎麼寫，拆開不就

是：匕、千、鳥；匕，指的是殺，千，為眾多人，鳥，不就是男生那屌兒郎噹嗎？所以要當大姊大的，還得要從「三」字輩幹起。

三、眼形呈三白眼，婚姻不美；眼睛黑白不分，難享正常婚情，這些都是準小三之眼相。

四、眼神飄流不定、斜視、偷視，不當小三才怪，如黛安娜王妃，皇后的貞操已被懷疑，又，八大行業的撈女，多數眼神神流波泛，這樣的眼神居不住正室元配，只能是個小三偏房妾而已。

五、法令紋壓嘴角，無法當元配，也未必是小三之相。但是，如果法令紋多且斷續不秀，又紋壓嘴角，她不姓「三」誰姓「三」。

六、嘴唇偏厚，唇上含水，口不密合者，是為性飢渴症狀，又飢不擇食，如果眼大，是最易墮入亂性的情網。

七、奸門魚尾紋或奸門痣痘，也可以是看論的符號。

以上是老沈重點歸納，謹供參考，不為依據。可以進來坐，可別讓人幫妳對號入座。

謝謝香港朋友的提問！

三百一十二、三凹鼻之相理解析

問：請問，何謂三凹鼻？與三彎鼻或反吟有無差異？三種鼻相同論嗎？休咎解讀為何？謝謝沈老師！

答：這是一則相學名詞的提問，鼻子山根至準頭有三曲折的鼻相，是為三凹鼻，主孤貧。三凹鼻意指鼻樑曲折凹陷不平整。

三凹鼻又名三彎鼻，與反吟鼻相，名異實同。

有關三凹鼻休咎的解讀如下：

一、古相書《神異賦》說：「鼻有三凹必貧窮而孤苦。」鼻子為財帛宮，主財帛所在，鼻樑宜滑順、無節、無曲為吉相，結節或曲折是為辛勞貧困之相，流年就在41歲至50歲。

二、何以三凹鼻者主貧苦，究其原因是，鼻子為五臟運作系統所在，鼻子與脊椎互為表裡，故鼻子是脊椎的外徵，鼻子相理三凹曲折者，對應在脊椎骨，則是脊椎側彎不正，因人體筋絡依附脊椎而生，脊椎側彎會引發血氣不通，故酸痛麻痺即是不為人知的暗疾。

三、三凹鼻者，五臟六腑運作不中和，中晚年健康違恙失調，貧病交迫，病痛纏身，自是難逃。

四、所謂：「有土斯有財」，相術家咸認為：「鼻正財豐，鼻陷財虛。」基本上，都與先天之健康密不可分，檢視鼻子外在的形狀，與內在的氣色，富貧貴賤，自可瞭然於胸。

五、鼻子是內在意志力之所主，鼻直心正，鼻彎心亂，鼻子呈三凹形狀者，其意志力薄弱，難扛重任，無財乏貴；又，曾國藩說，鼻正心正，鼻歪心邪，凡是三彎鼻相者，身心兩虧，故中晚年難逃孤貧困境。

六、鼻子主配偶座，鼻樑端正，配偶得益，家道興旺；鼻樑凹陷，配偶受難，家道中衰，呻吟不斷，伏吟與反吟因此而名之。夫妻受難流年以配偶41歲至50歲為甚。

以上回覆古先生的提問，好問題，謝謝您！

三百一十三、耳朵痣與紋焉是吉相？

問：有當代某某名相師說：耳朵有黑痣與紋是為吉相。請問沈老師，此說法為真嗎？

答：這問題問得真好，因為中國相術從春秋戰國發祥至今，已約略有二千四百多年，相術在魚龍繁衍下來到當今，不免出現百家大鳴大放，各吹各的調的情況。因此，有必要藉由理論與實務的辯證，探討相法與相理的真與偽。

耳朵在面相的重要性，其實並不高，因為有好耳相，未必就享有好運。但是，耳朵上的痣與紋，會透露健康的警訊。

就耳痣來說，耳朵有一百六十多個穴位，痣是病變的表徵，因此，耳朵長痣是病徵的一種，既然是病徵，這怎麼會是吉相呢！

另外，耳朵是血液輸送的末端，耳朵出現紋路，無非是心血管出現硬化阻塞，血液送不到耳朵末梢，所以耳朵末梢得不到血液而萎縮，自然就出現紋路。

綜上說明，就能辨別出「耳朵有黑痣與紋是為吉相」的真與偽。

這則提問，老沈最後給簡先生的結論是：如果把耳朵的痣與紋說成吉相，還真是「阿婆仔放尿，大差矣！」不是嗎？

面相好好玩！掀開面相神秘面紗，捨你其誰！

三百一十四、尅夫之臉相

問：請問，何謂尅夫之相，女生有尅夫相在臉上有那些相理？謝謝！

答：這個問題，老沈打從心裡真的不想碰，因為面相有一貴抵九賤之說，所以這沒有絕對的答案。

按傳統的相書，有關尅夫之相，意指女生的長相，會阻礙先生事業的發展，或傷尅到先生的健康或生命之謂。

傳統相書多少還停留在封建時代呆板的思想，部分相理條則，已不符現代社會的變遷，舉例來說，過去相書把顴骨高，說成「顴骨高高，殺夫不用刀。」是為尅夫。殊不知當今社會，女生這種高顴骨相理，反而是獨當一面的高階職業婦女必須具備的骨相。

雖然說時代在變，但不可否認的，收關尅夫之相，還是可以理性討論，並歸納出為何這些長相，會是尅夫之相。

老沈約略歸納如下：

一、女生額頭過於高寬凸出，自我意識強，太過陽剛，不易妥協溝通，是典型牝雞司晨的個性，先生日子當然不好過，不當「嫻夫」也得是個「閒夫」，閩南話說：「某阿螯，甭用尪出頭。」

二、印堂是先生心境與事業的指標，印堂過窄者，個性多疑，先生心裡常受莫名悶氣，事業的經營相對辛苦。所以印堂過窄的女生，對先生社會地位的提升，只有阻力，沒有助力。

三、眼睛三白眼、眼神飄移不定、眼珠濁氣，這是不佳的眼相，三白眼主固執，眼神飄移不定主用情不專；眼珠濁氣無法給家人安定感，也不懂如何教育小孩，所以以上眼相，只要有任一種存在，對先生來說，是傷也是尅。

四、女生眉疏眉亂或無眉，情緒不穩定，缺乏理智，駕馭先生不得要領，男女婚姻不穩定，彼此傷尅於無形，而不自知。

五、鼻子僅骨無肉，鼻翼偏窄，生性孤僻，又潔癖自好，喜歡算

老帳，講理不講情，所以先生精神生活緊繃，缺乏溫暖；當男生缺乏家庭溫暖，工作驅動力弱下不強，所以說它是剋夫，倒也貼切。

六、顴骨過於橫張、眼尾上揚、眼瞼浮拋，這三種相理俱全，那肯定是殺夫之相。它是心理殺夫，因為老把先生跟他人比，不僅比先生賺錢輸別人，還會比社會地位輸別人，無形中就像一把刀，殺掉了先生的自信心；另外，這種相理是生理殺夫，因為老婆性慾特旺，要夜夜春宵才能滿足，長期下來，老公不早夭命才怪。

七、嘴巴特薄，個性強詞奪理，愛碎碎唸。據醫學研究，老婆愛碎碎唸，先生罹患心臟病的比例偏高。又是一個精神剋夫，與心理剋夫。

八、語急躁、話量多、嗓聲大，音低沉，聲音缺乏圓潤柔和；這樣的聲相，是典型敗家剋夫之聲相，毋庸置疑。

九、耳朵骨反無珠，這樣的女生不易駕控，獨來獨往，我行我素；如果鼻子又是馬鼻，嚴重的話，會是六親不認，有這樣的老婆，先生頭殼不抱著燒上一輩子才怪。

十、其他如斑、紋、痣、痘、痕等，如果這些違章建築，長在面相「神秘十字帶」上，都可以納入是剋夫相的一種。面相「神秘十字帶」是老沈獨家創發，容先保留，以後再公開。

十一、面相？有剋夫就有剋妻，問題是，什麼鍋配什麼蓋，既然夫妻都對上眼了，那只有經營與改變；如果不思改變自己，卻把自己的無能或失敗，歸咎於所謂配偶帶剋，那才是阿Q的無知。不是嗎？

以上回覆張先生，答覆不周全之處，還祈賜正！

三百一十五、論額頭岔之休咎

問：請問，何謂「額頭岔」？如何論休咎？可以請沈老師詳加說明嗎？謝謝！

答：額頭岔的說明與分析，在老沈教學影音碟裡，有詳細的講解，且在拙著「面相筆記」一書，有細項說明，至於其他三本相書，只蜻蜓點水式的提出，並未詳細說明。

額頭岔這問題，因有多人提問，所以，老沈有再詳細說明的必要。

考遍古今相書，並無額頭岔一詞，這個相術名詞，是老沈相學研究自創來的。

為何老沈會創造這個相術名詞，原因是，我們只知道，美人尖、金雞啄印，或是髮際呈鋸齒狀等，但這三種類形的髮相，並不足以含括「額頭岔」髮相，因為額頭岔有它獨特的形狀，就是額頭中央出現大小雙髮尖，且兩髮尖中間頭髮，呈現漩渦狀。這樣的髮際相理，好比是額頭中間髮際開岔分岔，故名「額頭岔」（註：閩南語有此一詞）。

額頭岔屬劣下不吉的髮相，它的負向影響力道，比髮尖、髮鋸齒都要來得嚴重。髮尖、髮鋸齒其傷剋層面，僅是父母或自己，但額頭岔除了傷己剋父，與長親乏緣外，更嚴重的，它還會剋傷老婆或先生。

男生額頭岔，年少失怙，50歲前要傾家蕩產，吃盡人間苦頭，且是多妻命的髮相。

女生額頭岔，不是父母離異，就是分隔兩地，更大的影響在於28歲前不宜早婚，早婚會剋損夫家，包括先生的健康與生命交關。

有關額頭岔對應事咎條則，是來自老沈實務經驗累積，因為精準度極高，所以列入「沈式相法」獨活之一。

以上回覆黃、劉兩位先生，圖例已個別私訊傳送，請參考！

　　額頭岔一詞說明到此，餘請詳見拙作面相大全、面相入門及相譜影音碟等，這兒恕不提供圖片服務。謝謝！

三百一十六、山根和人中是血液四瀆溝渠之通道

問：老師說：「山根和人中為四瀆溝渠之通道」，在下查面相書籍，說人中為四瀆溝渠之通道，山根不是，老師是否寫錯？

答：臉書社團老沈「面相筆記」連載中，對「四瀆」作了面相名詞的解說，茲列內容全文如下：

「四瀆」：

　　四瀆是以人的耳眼鼻口七竅作分項，耳朵為長江，眼睛為黃河，鼻子為濟河，嘴巴為淮河。

　　山根和人中為四瀆溝渠之通道，也是氣流之所在。

　　四瀆以不塞不堵流暢為佳，若四瀆相理雖佳，而山根或人中不佳者，則血液循環系統不好，中氣不足，在廿五、廿八、四一、五一歲流年所至，易有凶險或重病。

　　倘若五岳是勢之所依，四瀆則是氣之所在，故勢在氣強，勢崩氣弱，勢與氣相互依存，相輔相成不爭。

　　五岳屬山，山要高要聳，是骨法的外相；四瀆屬水，水要深要通暢，山根與人中則是血氣循環的溝洫，溝洫功能好，血氣運通無礙，精神自然熠熠有光。

　　據此，棧友對老沈的「山根與人中則是血氣循環的溝洫，溝洫功能好，血氣運通無礙，精神自然熠熠有光。」提出：「人中為四瀆溝

渠之通道，山根不是。」之疑問。

　　該問題問得好，因為相書典籍，確實沒有記載山根為四瀆之溝渠。那為什麼我要把山根納入是四瀆的溝渠呢？其實道理很簡單，因為如果人中是明渠，山根就是暗渠，它都是血液循環的重要檢視點。

　　何以見得？蓋山根主心臟主血管，山根高寬厚者，其血液循環好，血氣就通暢；如果山根低窄，主心臟功能弱，血氣運作便不好。所以，山根就如埋在地底下的暗管一樣，暗管溝渠要大且寬，心臟功能與血液循環才會好，反之則否。君不見山根低窄者，都是腰酸背痛症候群患者；血管阻塞，少有山根高寬者，不是嗎？

　　至於人中是為溝渠明管，溝渠宜寬宜長又宜正，意味血氣通暢無阻；因此，因血氣運通暢無礙，精神自然熠熠有光，所以它是健康的表徵。

　　古代相法，對心血管健康並無特別的記載，只知人中是百穴匯集之溝沴，殊不知，山根與人中，都是血液循環對穴的一環，因此，老沈習相過程裡，創發了「山根暗管」與「人中明管」之說，其用意，一是揭開面相神秘面紗，其次，運用在教學上，讓學習者快速聯結上山根就是血液循環的一環。

　　面相學習需要文獻回顧，也可以心得的創新開發，只要創發立論有據，便能去蕪存菁，注入面相學的新元素。

　　以上說明回覆棧友的提問，謝謝！還祈賜正匡漏！

三百一十七、由嘴唇氣色判斷人的健康吉凶

問：請問，如何從嘴唇色澤判斷其人的健康及其吉凶，可否請沈老師
　　見覆？謝謝！

答：以氣色斷論健康是中醫望診必備的技巧，因為人的生心理運作，
　　會因季節、病況與心境，出現不同的氣色。

　　嘴唇是五官的一個部位，嘴唇的色澤當然會反射出體內的健康情
況，再由健康情況，推論到福禍吉凶的變化。

就唇色徵狀看健康，可歸納如下：

　　青：主受到驚嚇唇青。

　　青紫：主腸胃潰瘍，胃出血。

　　白：主受風寒或中暑而唇白。

　　白霧：嘴唇及其唇邊如白霧環繞，主子宮糜爛。

　　紫紅：主體內燥熱，心火虛旺。

　　紫墨：主食物中毒。

　　墨紅：主血氣兩失，心律不整，心臟乏力。

　　焦紅：主三焦火旺，口乾舌燥。

　　微紅：是口如含丹之唇色，主身心健康。

以唇色相論吉凶貴賤，其口訣如下：

　　唇如雞肝，至老貧寒。

　　唇如青黑，餓死途陌。

　　唇色紅光，不求自豐。

　　唇色淡黑，毒殺之客。

　　唇色丹砂，貴而富澤。

　　唇色紫光，快樂衣食。

　　唇色昏黑，苦疾餓死。

唇紋花紅，富貴華榮。

以上是嘴唇氣色看論健康、吉凶的簡單斷法，謝謝葉先生的提問。祝平安健康！

三百一十八、以法令紋痣看論休咎

問：面相我初學乍來，請問沈老師，左法令紋長痣，有需要特別注意什麼事咎嗎？謝謝！

答：記得這題問在過去有人提問過，有問必答，已答過好幾回，老沈再詮釋一次無妨。

以法令紋痣看論休咎，概略有下列幾端：

一、足疾腳勁：凡法令有痣者，腳部會跌撞傷致酸痛痲痺。

二、泌尿病變：痣為病之外徵，代表膀胱泌尿系統曾經病變。未來疾症在膀胱泌尿系統，如膀胱或輸尿管結石。

三、需防水厄：法令紋長痣宜忌水厄，這種痣相腳會抽筋，故不宜在沒有安全設施的游泳池戲水游泳。

四、不宜副業：法令紋長痣者，沒有偏財運，不宜副業投資，包括千萬別為人擔保。

五、威嚴受損：法令主文書威權，紋上生痣意味令不出門，小人讒言，威嚴受損，流年應證在52至59歲，56歲尤甚。

六、難為父母送終：左法令痣為父，右法令痣為母；女生反向論之。

以上是老沈的經驗心得之談，希望譚先生是除外者。謝謝提問！

三百一十九、以奸門太陽穴看論配偶健康

問：學生今天看到一則網路文章，寫著先生太陽穴突起，則對應的是太太身體出狀況。請問老師，這論點對否？

答：網路面相可以是百家爭鳴，各吹各的調，問題是，當提出這樣的對應條則，它是否有立論根據，或自圓其說？就有待閱讀者作理性判斷，如道聽途說，人云亦云，會陷入驗證不真、不實的窘局。

蓋以奸門太陽穴看論配偶之健康，基本上，方向是對的，問題是光憑先生太陽穴突起，就解讀太太身體出狀況，是過於牽強與籠統，換言之，精準度不足。

對本提問，老沈的看法是：

一、夫妻宮之奸門處於太陽穴，太陽穴突起者，其眼瞼也會是鼓鼓的，這意味內分泌特旺，生理需求相對大，如果老婆是體弱氣衰者，當然不堪先生夜夜春宵的蹂躪，當然會出現病態容貌。

二、如果先生太陽穴平常是平整的，突然突起或長痘子，這種符號的出現，可以解讀是桃花，也是太太健康出狀況的一種現象（或外徵），但這樣的論斷，容有再補正的空間。

三、以太陽穴看論太太健康出狀況，按老沈的實務經驗，應該以先生的奸門氣色為據，如太陽穴奸門出現青筋、青暗氣色，這是太太身體出狀況的外徵。

四、另外，先生太陽穴橫紋劃破，加上與傷痕重疊，通常老婆的健康相對不好，如果又出現突起或冒痘痘，這才是太太當下健康出問題的相理所在。

五、要看論太太健康問題，除太陽穴奸門外，鼻子的氣色也是論項之一。是故相不單論，避免見樹不見林。

以上回覆孫小姐的提問，感謝妳對本社團長期的支持與肯定！

三百二十、人中偏左歪斜面相的看論事咎

問：請問沈老師，我人中偏左歪斜，面相的看論事咎為何？謝謝！

答：這問題問得很具體，從人中看論休咎，可歸納四端，分述如下：

一、就生理來說：

　　1.人中為百穴之匯，故名溝洫，是氣血運作功能指標點，人中宜寬、深、長、正，主氣血對流通暢，反之則否。

　　2.人中歪斜者，不論男女，因溝洫不通順，血氣運作受阻，所以，都有腰酸背痛暗疾。

　　3.單就女生來說，人中主卵巢子宮，人中歪斜不正是為子宮後曲、子宮異位的外徵，因此，生理期會紊亂不規則，且生理期間小肚作痛，人容易疲倦厭煩。

二、與父母情緣來說，女生人中偏左，與母親情薄，代溝嚴重，父在母先走。

三、與子女情緣來說，女生人中偏左，生女多，且女乏緣。

四、就流年運來說，人中又名人沖，人中主51歲流年運，是三關四隘之第二隘口，故51歲是個運勢的關鍵年；因此，凡是人中短淺或歪斜不正，51歲這一年，健康會大幅滑落，事業會遇到瓶頸。

以上回覆汪小姐的提問，老天慈悲，老沈希望妳是除外者。

面相好好玩！容老沈留下第五點伏筆，試問，用外襲法來反推，有誰能告訴大家，她的女兒額頭會有什麼特徵？願聞其詳！

三百二十一、眼睛左大右小在面相的休咎解讀

問：請問老師，我眼睛左大右小，在面相的休咎解讀為何？謝謝！

答：這是這次捐米義相，一位女性棧友的提問，有關眼睛不對稱，其相理分析及對應事咎，先前在面相故事、面相答問客問，面相圖譜，老沈已發表過不次第的貼文。

有問必答，老沈再回答一次，以解這位善心棧友的疑惑。

女生眼睛一大一小，其對應事咎如下：

一、母親懷胎當下，精神受到冤屈不平的虐待，眼睛會出現一大一小。這種眼相，常見於婆媳不和的小孩子。

二、眼睛不對稱的女生，天生缺乏安全感，會有焦慮症，這樣的心理不安狀況，也會垂直遺傳在孩子的眼睛上。

三、女生眼睛左大右小，己身有潔癖，這也是懼夫的眼相。

四、眼睛主情愛，眼睛一大一小者，婚姻來到流年37.38歲，會風起浪湧，大多數人會以離婚收場，只有少數人會化險為夷，她們的共同特徵是，眼神明亮且定。

五、疾厄看眼睛，凡眼睛不對稱，有一大一小者，最須在意明九與暗九的人身安全問題。這樣的論述詳見舊貼文，就不再贅述。

六、有趣！按面相外襲法，眼睛一大一小者，子女其一額頭失陷；父母及公婆其一，地閣下巴會出現面相違章建築的符號。

面相好好玩！但這幾項的回覆對提問者卻還真不好玩。

迷時師渡！老沈居於善意，且站在面相真實義理的這一方，只給方小姐一個早知道，妳可別陷入命運的窠臼，只要自覺性的改變，做好心理建設，便能為自己活出美麗的人生色彩！祝福妳！

三百二十二、氣場強弱的解讀

問：我覺得藉由面相，也可以感受到人的氣場強弱，請問沈老師的看法呢？

答：謝謝廖小姐的提問，問題提得既妙又棒，因為面相是能反應出其人的氣場，稍有閱人經驗者，只要看人看個幾眼，就可以感受到其人的氣場強弱。

如何辨識人之氣場（或稱磁場）強與弱？答案就在靜態的臉上，與動態的舉止行為上。

先從臉上靜態五官與氣色，做二元比較法解讀：

一、額頭高寬者，反應靈敏，資質過人，氣場則強；反之，額頭低窄者，推理、記憶、理解、直覺低下不敏，聰明才智明顯不足，氣場則弱。

二、眉毛符合龍眉八要，眉形秀麗，理性感性皆備，氣場則強；因為人的面相及其外在行為，會透露他己身的氣性才能，氣性才能就是氣場，氣場就寫在臉上；氣場就藏在心頭上，而且會反應在行為上。

三、眼睛會說話，氣場強者，眼睛自然散發出一股祥和的眼神；反之眼神耗弱、瞟眼、凶露、黑白不分，都屬氣場偏弱者。

四、鼻子主健康，鼻子高寬厚實正者，五臟六腑健康運作良好，氣場好自然不在話下；反之則弱。

五、下停收關晚年氣場，嘴巴開大闔小，地閣寬闊飽滿，氣場論強不論弱，違此法則，以氣場弱論斷之。

六、骨相主一生榮枯。額無奇骨不貴，額頭多奇骨，如天庭骨、日月角骨、隱逸骨、巨鰲骨、伏犀骨、玉枕骨等等，皆屬非富即貴之相，氣場極強勿庸置疑；反之，額頭乏山，後枕無靠，這是沒腦袋瓜的頭相，說他氣場強就太牽強了。

七、氣色宰一時休咎。氣色是生心交匯運作下，反射在臉上的符

號，人之氣色黃明潤亮為吉昌，黯沉無采為凶晦，當前氣場
強與弱，只要觀察氣色，便一目瞭然。

就以外在行為舉止為例說明如下：

一、行為中規中矩者，氣場不會差；行為怪異，離經叛道者，氣
　　場好不了。

二、說話中肯，慢條斯理，語調溫和者，氣場論吉；反之，語無
　　倫次，聲如雷鳴，呱噪不已，無病呻吟者，負氣場見常。

三、走路慢、吃飯慢、講話慢主貴相，是為氣場強；走路急、吃
　　飯急、講話急，是為貧困相，氣場就好不起來。

四、坐有坐相，站有站樣，氣場自強；反之，一副屌兒啷噹模
　　樣，氣場要大大扣分，不是嗎？

古相書文獻，論氣場強與弱，其方式很多，如，六削、六極、
十一天羅（神相全篇）、十貴、五急、五惡殺（人倫大統賦）、
三十六善（青箱雜記）等等，有諸多論述，可以參酌。

以上老沈就回答到此，謝謝提問者！

三百二十三、法令紋壓嘴角之態樣

問：可否請沈老師講解說明：女生法令紋壓嘴角之態樣嗎？謝謝！

答：提問者是老沈的同學，最近對面相入迷三分，他電話提問，我深
　　怕這位老闆同學，過耳即忘，所以我答應用答客問回覆。

法令紋壓嘴角態樣約略有三：

一、對稱之兩條法令紋，從鼻翼勾陳延伸並插入嘴角，這是典型
　　的法令紋壓嘴角的紋相，主因不能進食而病終。

二、法令多紋，其中之粗直紋路，單邊或雙邊就壓在嘴角旁邊，
　　這粗直紋不很明顯，但隱約可見，然而當她笑起來時，紋路
　　很明顯的懸空掛在嘴邊，這也是法令紋壓嘴角的一種。

三、還有一種紋路，是從嘴角兩端往下巴鵝跋、比鄰兩側對稱展
　　延的紋路，這紋路是為金縷紋，或稱為木偶紋，它不屬於法
　　令紋壓嘴角。

　　女生法令紋壓嘴角，婚情總是要面對偏陷，如坐不穩元配正室，
是非元配紋相。

　　以上回覆這位老同學的提問：年輕您是資優生，現在您是勝利
組的大老闆，博學多聞如你，成功絕非偶然，我還得向同學請益學習
呢！不是嗎？

三百二十四、兩頤微凹陷皺紋直掛對應事咎

問：老人家男七十多歲，懸壁兩頤微凹陷，且約有四五條皺紋直掛懸
　　壁，要如何看論對應事咎？謝謝沈老師！

答：這是一則實務問題。老沈答覆如下：

　　面相分三停，上停主年輕、中停主壯年，下停主晚運。懸壁位處
下停，因此看論要從四方面解讀：

一、健康：下停兩頤是為泌消系統，凡兩頤凹陷又出現多條直皺
　　紋，可以大膽推論，是腸胃功能不佳，營養吸收弱化的表
　　徵。

二、財運：懸壁兩頤肉多鼓實，代表財利雄厚，反之則否。如果
　　兩頤凹陷又皺直紋多，意味晚年財不入倉，支出大於收入。

　　三、親情：嘴角外側之懸壁兩頤，宜豐腴微鼓，象徵子女孝順，
　　　　　能享天倫親情，反之則是老來孤寂。

　　四、部屬：無得力部屬，或沒有念舊的下屬或卑親屬。從這角度
　　　　　來說，相對的是沒有要好的老友或鄰居。

　　相不單論，如果地閣骨開者，上述不佳的論述減半，倘地閣骨偏
窄，以上不佳的事咎，落點幾近於一。

　　以上回應昨天高雄班同學的提問。有請方家賜正，謝謝！

三百二十五、氣色入門由人生心兩方面著手

問：請問沈老師，氣色要如何入門學習，可以向您請益嗎？

答：氣色是當下生心理交匯運作結果的反射，因此，氣色入門學者要
　　從其人生心兩方面著手。

　　就生理健康來說，我們以二分法做區別辨識，健康者氣色明亮黃
潤，非健康者則否。

　　非健康者，可以再區分五臟病根，肝膽疾病，臉色偏青；心臟血
管疾病，印堂偏赤紅；腸胃疾病，臉色呈不透光的枯黃；肺臟疾病，
驗證在顴骨氣色偏白；腎臟病態，耳朵與臉部黯沉。

　　生理健康反射出的氣色，可以在醫院問診觀察比較幾回，便能領
會其中奧妙現象。

　　至於心理因素造成的氣色，同樣以二分法比較。事業有成者，氣
色明朗；事業失利者，氣色黯淡無光；有錢人氣色清朗，貧窮人老臉
無光。再舉例，如名校高材生，多數額頭氣明色亮，眼珠黑白分明；
不入流學校學生，氣亮色明者少數，多數神不清，氣不朗。

依此類推比，經常且隨時多比較母體樣本，如新婚夫妻者，陞官晉爵者，或如事業退敗者、憂鬱重症者等等，就能對氣色有更深入的瞭解與認識。

除以生心理氣色二分法，還有一種氣色，它不是生理健康問題，也不是心理交纏問題，而是一種無法以科學方式驗證的不祥氣色，如卡陰、祖墳出狀況、家宅不淨，額頭與印堂多會顯現如烏雲之氣色。

以上純就老沈過去學習氣色觀察的方法，回應於雲端生的提問，同時，不保留地與大家分享。

三百二十六、眉毛與健康的關聯性

問：從面相棧上得知，沈老師熟諳面相看健康，可請問眉毛與健康的關聯性嗎？

答：醫相同源，古代相學家多半皆能以面相望診健康。

老沈不學無術，沒中醫的背景，但就是喜歡閱讀，因此，粗淺懂些面相與健康的對應符號。

眉毛是保護眼睛的屏障，眉毛還能反應內在的心理世界，進一步的作用，眉毛為保壽官，眉毛還會透露健康玄機。

按老沈所知，從眉毛解讀健康約略彙整如下：

一、以眉毛濃疏來說，眉毛濃密者，精力充沛，體質較強；眉毛稀疏者，精力偏差，體質大多較弱。

二、以眉毛粗細來說，眉毛細長者，肝功能運作正常穩定，所以衍生的情緒也較穩定；眉毛粗短者，肝功能運作不穩定，所以情緒急且易怒。前者有益健康，後者傷剋在肝。

三、眉毛尾部脫落，是為內分泌異常的表徵，如果表皮特別肥厚，恐是痲瘋病；如果眉毛脫落僅剩幾根，意表癌症化療、精神分裂症。

四、如果眉毛尾端往上翹，是為膀胱疾病的外徵；眉毛直枯燥無彩，一般表示主神經系統疾病，女生則常見於生理期失調。

五、眉毛要發出光彩，主腎水與元氣足；眉毛焦枯無彩者，是為生心兩疲，腎氣不足，為骨質鈣化的反射。

六、眉頭為肺之對穴，眉頭宜退印約兩指幅左右，表示肺功能佳好，如果兩眉侵入印堂，氣色蒼白，是為肺氣不足，支氣管偏弱的象徵。

七、眉毛與健康息息相關，如輕易拔眉、紋繡眉，容易毛囊炎、蜂窩性組織炎，或過度刺激眉毛周圍神經血管，導致視力模糊。

八、眉頭為攢竹穴，經常按揉眉頭，可刺激眉毛生長、解緩頭痛、消除疲勞，及降低減緩視力退化。

九、眉毛長痣是手臂酸痛痲的符號，痣在眉頭症狀在肩膀，痣在眉心傷痛在手肘，痣在眉尾酸痛在手腕。

以上是老沈對「眉毛與健康」的回答，謝謝戴先生的提問！

三百二十七、腮幫子脹凸者之個性休咎

問：請問沈老師，可以請您就腮幫子脹凸者，解說個性休咎嗎？謝謝！

答：提問者是老沈好朋友黃先生，看來不給回覆不行。

腮幫子脹凸指的，應該是下停腮骨太過橫張且見腮角，這樣的骨相只能就個性來論說：

一、個性剛烈強悍，自我意識高漲，不易妥協，也惹不起。

二、愛恨分明，平時不觸及個人利益，則儼如正人君子，一旦涉及個人利益，圖窮匕見，會拚個輸贏到底。

三、這種腮骨相，翻起臉來六親不認，晚年人際關係極差。

四、下停腮骨過於橫張，又眼神露凶光，或臉頰橫肉，他不會是個好鄰居，如果鄰居有此相理，建議趕緊搬家，以保平安。

五、老沈昨晚朋友來訪，友人因古董買賣被對方使詐，由原告變成被告，那位使詐的老翁，就是腮骨特是橫張。由此再次證明，與腮骨脹凸者為友、或做買賣交易，宜特別謹慎。

以上回覆高雄黃老闆的問題。交差了，祝好友一夜好眠！

三百二十八、孝子的相理看哪裡

問：某命理節目面相老師說：耳朵與眉齊高，耳上輪長痣，是為「孝子相」。請問老師這說法對嗎？

答：這節目老沈曾看過，但我認為這位老師的說法太過抽象，他並沒有說出其然及其所以然。

　　以耳朵與眉齊高，耳上輪長痣，是為「孝子相」？其實理論上說不通，頂多只能說，耳輪齊於眉者早發，父母可引以為貴，但還不至於可論定為孝子。

　　據老沈的認知，看論孝子重點在額頭、印堂、眼神與氣色，容我分別述說如下：

　　一、家中兄弟以額頭高寬者，要負責養護老人家，如果問為什麼，老沈只能說，頭頭高寬凸者，有長上緣；那種原因讓額相好的不論兒子、女兒或媳婦等，較有長上緣，說穿了，無非是這樣額頭相者，記憶、反應、直覺、推理高人一等，父母親稍有病痛或心事，他們都能在第一時間內，掌握父母問題並解決其生心理需求，所以，父母喜歡跟額頭寬大的子女住在一起。

　　二、印堂開闊者，胸懷大器，凡事開朗不鑽牛角尖，因此，額頭寬大，印堂開闊，是孝子的必要條件；額頭低，印堂窄，如果自稱是孝子，聽聽就好。

　　三、以眼睛反論來說，眼神耗弱無神，視瞻漂流，眼睛睜露，己身就是泥菩薩過江，又哪來的能力與心思去照顧父母親？因此，眼睛相理不佳者，難出孝子，是為孝子相之除外。

　　四、就氣色來看，凡是孝子者，日月角與印堂氣色必亮，何以孝子的額頭亮麗無比？簡單的說，他以照顧父母為樂，父母以喜悅回饋孝子女，是為天地感應，故孝子額頭亮麗明潤。

　　以上是老沈就所謂「孝子相」的見解與看法，回應於林小姐，至於電視那位面相老師說的「孝子相」，對與不對，就讓大家各自去解讀吧！

三百二十九、媳婦額頭高是夫家的福氣

問：額高女生即使額沒有破損，是否也會因為剋父的關係，影響到公公運勢或彼此不和？可請老師解釋通透？

答：這則提問相當深入，提問者是相界一方之家，問與答彼此相長，老沈不揣簡陋，回覆如下：

一、女生額頭高，這個「高」的標準，容再界定，標準女生額頭以橫三指幅為上相，若逾越三指幅以上是為過高。

二、女生額頭過高，在家傷父，出嫁剋夫，這已是相則通例，當然也有極少數的例外。

三、假設額頭日月角骨對稱下，額頭過高的女生，雖然會傷到父親，但不能否認的，這樣的額相確實很有長上緣份，除非額頭受傷或髮際線不平整。

四、額過高，非但不會影響到公婆的運勢，還會深獲公婆的歡心；如果額頭高又受傷或有髮尖，那與公婆的相處，就會冰炭不睦，水火不容，很多怨男怨女離異，這是重要因素其一。

五、女生額頭過高，加以額受傷或髮尖者，生性叛逆，自主性強，建議最好留有瀏海，半遮額頭，降低自我意識，是可以改善夫妻與公婆關係。

我的結論是，額頭高的媳婦如果能好好疼惜，反而會是夫家的福氣。

以上回覆范小姐，謝謝您的提問！

三百三十、從面相看出一個人氣場的強弱

問：請問沈老師，從面相是否可以看出一個人的氣場強或弱？為什麼？

答：有趣，大家都把老沈當成了「萬事通」，想當初開設「答客問專欄」之旨意，一來是回應面相棧朋友有關相學的疑惑，二來是退休生活規劃，找點事情做做，沒想到提問者熱絡，回覆如我者也樂在其中。

面相是否可以看出一個人的氣場強或弱？答案是肯定的，老沈所持觀點如下：

一、面相研究的三大主體不外是健康、智慧與個性，所以人的所謂命運，無不就是由這三大主體架構出生命的榮枯；生命的榮與枯就是氣場。

二、其人之氣場，可以從健康、智慧、個性分別做量化，量化出的總和數值越高，代表氣場越強；氣場強者，越能擁有富貴名利，反之則否。

三、氣場不會是恆定的，舉例來說，身體健康滑落，個性不修，只看電視逛夜市，又不進教室，吃喝嫖賭加跳舞，作賤自己，即使出生自富有家庭，終因沉淪墮落，氣場由強轉弱。

四、氣場有不受限制性，例如貧窮翻身，窮人能翻身者，首先是健康要保持在最佳情況，才能以體力換取財利；其次是修養到家，培植良好的習性，懂得自我反省；再來無非是不斷進修學習，增長見聞，持續以恆，從量變到質變，由低下流社會晉升中上階級，這就叫窮人翻身，或者稱為鹹魚翻身。

五、氣場強與弱最好的區別是，當你看到一個人，足以令你感到恐懼如惡煞，憐憫如乞討者，想賞她一巴掌如三八兮兮者，這都屬於氣場弱的相；如果大家都想親近他，學習並尊敬他，他臉上必是散發一股祥和之氣，氣場強就寫在一尺之臉

上，不是嗎？

以上是不才老沈的見解，也許還有更好的答案，還祈賴小姐與棧友們賜正為禱！

三百三十一、十二宮氣色直斷氣場強弱

問：請問沈老師，十二宮氣色能直斷氣場強弱嗎？為什麼？

答：面相十二宮分別是：命宮、官祿宮、父母宮、福德宮、遷移宮，這五個宮位位居上停；其次是，兄弟宮、田宅宮、夫妻宮、子女宮、疾厄宮、財帛宮，這六宮位處中停；最後是奴僕宮位在下停。

看論十二宮，第一看骨相，涵蓋五官長相，其次重點，在觀看氣色，最後才以各宮位有無斑、紋、痣、痘、痕等違章建築，進一步探討對應休咎。

相書說：骨相主一生榮枯，氣色宰一時休咎。所以，十二宮位顯現的氣色之亮與黯，當然可做為當下氣場強弱判斷之依據。

如前篇答客問所說，氣場不是恆定不變的，換言之，人之氣色也並非恆定的，它會隨己身生理與心理交匯運作後，出現變異。

舉例來說，生理健康好的人，氣色要比生病病人來得明亮；又，就心理層面來說，事業有成者，其臉上的氣色，要比事業無成者光亮潤澤許多，但如果是健康有了變化，或事業上下起伏，氣色則會隨境轉變。

從上可證，生心兩全者，要比生心兩疲者，氣場要來得更強更好。反證之，當健康滑落，或信心跌盪，氣色無不是由明潤轉枯黃，

枯黃轉青黯。由氣色看氣場的狀況，其道理至明，只要稍具閱歷者，便能一眼分辨出強與弱。

　　以氣色直斷氣場，也可以更精準、更快速的，從六曜星做論斷。六曜指的是：印堂紫氣星、左眉羅睺星、右眉計都星、左眼太陽星、右眼太陰星、鼻子月孛星，六曜星明亮就是氣場強，主昌吉；六曜星晦黯便是氣場弱，主塞困。

　　聰明的讀者，你發現六曜的分佈圖嗎？如果你能把眉毛、眼睛、印堂與鼻子，三指幅畫出橫直兩線，不就是老沈獨家相法的「神秘十字帶」嗎？

　　哈哈！面相神秘十字帶，隱藏著多少命運的密碼，棧上朋友們，你能解讀出來嗎？

　　面相答客問精彩嗎？謝謝不知名朋友的提問！掀開面相神秘面紗，大家一起來！

三百三十二、眼瞼痣是否為富貴痣釋疑

問：網路某師指說：眼瞼痣是為富貴痣，真或否？有請沈老師釋疑，謝謝！

答：面相節目或直播，百家爭鳴，在網路雲端似乎蔚為風潮。

　　眼瞼痣是為富貴痣？老沈孤漏寡聞，這個論點我還真是第一回聽到，至於該論點是真是偽，老沈站在面相真理的一方，我持否定的看法。

　　何以持否定看法？我的說明如下：

　　一、痣者病之表徵，因此大家都公認，面無善痣，既使是硃砂、

漆亮、白玉痣，也不能論吉。

二、田宅宮在眼瞼，眼瞼生痣，主居家不安，如屋頂龜裂而漏水，因此，以眼瞼痣論富貴，還真的是瞎掰過頭了。

三、痣相可以斷論說謊成性，或經常選擇性的說謊，眼瞼痣與眼白痣便是。硬把說謊痣，解讀為富貴痣，可謂，失之毫釐，差之千里！

四、問富在鼻，問貴在眼。論富貴無不以眉眼為據，絕非以痣相為準，所以說，假設眼瞼長痣，且擁得富貴昌吉，這富貴昌吉應該是鼻眼給的摧化力道，絕對不是眼瞼痣給的牽引。

五、眼瞼痣多數來自基因遺傳，凡有眼瞼痣者，父母其一必有腸胃病疾，腸胃屬土土主財，因此，可以這麼說，父母有腸胃疾病者，都不是有錢人家，所以以眼瞼痣論財富，老沈只能說這位老師「功夫了得」。

以上是老沈給的釋疑，大家相互砥礪，謝謝葉先生的提問！

三百三十三、神滯氣滯相理的形成與六親的相理

問：請問沈老師，神滯氣滯的相理是何種因素造成的？另外，可以用外襲法探討其六親的相理嗎？

答：面相一點訣，說破不值錢。這提問恰似在掏寶挖油，要挖掘老沈腦袋裡的相學寶藏。

掀開面相神秘面紗，老沈有問必答，是本面相棧開設的宗旨，因此，這個問題我就不保留，也不揣簡陋回答如下：

一、神滯氣滯不佳相理的形成，是多種因素造成的，誠如林肯所

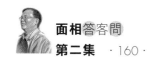

說：四十歲後面貌猙獰，自己要為猙獰面貌負責。從這角度來說，神滯氣滯可以四十歲為分水嶺：

1. 四十歲前神滯氣滯，責任大部分要歸責於父母，按東漢王充與清末曾國藩所說：父母施氣那剎那，已決定小孩成敗的一生。因此，如果父母身心狂悖，酒後亂性，在生心理垂直遺傳下，所生出來的小孩，形不足，神不清，氣不朗，例如強暴下所生孩童，多數眼神滯氣濁。此為先天不足之相理。

2. 面相相理良與窳，好與不好，與生長環境息息相關。如果小孩相理已是先天不足，父母後天又沒法提供很溫馨的成長環境，在相隨境轉的牽動下，他缺乏安全感下，當然是一臉神滯氣滯的劣相。

3. 再說，生命來到三十歲後，應該有了良知良能，倘若能用十年的時間，自省自悟，啟動心靈，自我雕塑改變神滯氣濁之相。相由心生，質隨量變，四十歲後面貌不再猙獰，神不再呆滯，氣不再濁黯，命運就不會墮入所謂的凶相。

二、神滯氣滯者，一生與功名利碌無緣，因此，如套用外襲法來探索，或推論其相關人的相理，約略是：

1. 父母親其一，中停如眉、眼、鼻、顴，下停如口、懸壁、地閣以及聲相，嚴重破陷。

2. 己身一生潦倒，其外襲因素不外是，兄弟姊姊的眉相不佳，手足眉多害，就會牽制己身的發展，如健康、事業與婚情。

3. 鼻子為配偶座，神滯氣滯者，其配偶鼻子多半凹陷不起、鼻痣當陽、鼻傷痕、鼻骨斷、鼻歪斜。

4. 小孩額頭是父母婚姻與事業的指標，父母親神滯氣滯，可以大膽推論，他家小孩額頭不外有如下幾種相理：

（1）額頭低窄不及兩指幅

（2）額頭傷痕深及額頭骨

（3）額頭紋亂斷形如飛雁

（4）髮際線呈尖或鋸齒狀

　　挖到寶了嗎？以上，老沈給賴先生的回答，並不保留地與大家分享，記得謝謝我喔！

三百三十四、日月角骨不對稱對父母親之影響

問：請問沈老師，小男孩額頭日月角骨不對稱，未來對父母親會有影響嗎？願聞其詳，謝謝！

答：日月角骨指的是，左右眉毛上方兩指幅處，隱隱突起之骨，是為日月角骨，主貴相。

　　日月角骨隆起雖是貴相，流年二十六歲後，可以頭角崢嶸，光耀門楣，但先決要件則是要日月兩角骨對稱，不能一邊高，一邊低，或者一邊突，一邊不突，是為日月角骨度不對稱。

　　男生日月角骨不對稱者，對父母是有一定層面的影響，其休咎推論如下：

　　左高右低，父在母先走，傷母健康。

　　左低右高，母在父先亡，剋父健康與事業。

　　左右不對稱，與家人緣薄，難享父母親情。

　　就己身來說，少小離家，年少相對奔波。

　　日月角貼近髮際與眉毛，如果額頭高寬，眉毛秀麗，對父母傷剋可減半論處；倘髮際低，眉毛散，其影響層面則加深推定。

　　據老沈所知，面相大師蕭湘先生，在他早期的教學影片中，以

己身為例，說出他日月角骨左低右高，以致年輕奔波的無奈，情境堪憫。

以上是我的回覆，謝謝林先生的提問；老天慈悲，希望這位男童不是您家的寶貝！

三百三十五、女生顴骨黑斑對婚姻之影響

問：請問，女生顴骨佈滿黑斑，為什麼對婚姻會有影響呢？影響流年有多久？要如何改善？謝謝！

答：一般論夫妻宮，都以眼尾奸門之氣色，或違章建築如斑、紋、痣、痘、痕等，去探究夫妻情感如何，又如何？

其實，夫妻婚情好壞不止寫在奸門，更多數還寫在眼睛、眉毛，還有顴骨。

女生顴骨佈滿著黑斑或雀斑，那是由於心理長期壓抑，肝膽鬱結刺激下反射在臉頰的肝斑。因此，不論男女，顴骨出現斑斑點點，無非是夫妻失和的表徵。

有關顴骨斑影響婚情的流年，不一而足，端看這顴骨斑出現的年歲。我的實務經驗上，有人三十幾歲、四十幾歲或五十幾歲都有。舉例來說，三十幾歲就出現者，流年35至40歲婚姻就會陷入同床異夢；如果是四十幾歲才出現顴斑，那麼流年在46、47歲，必見水火不容；倘顴骨斑來到五十幾歲才有，那麼58、59歲這兩年，老倆口還會爭執不休。

問，要如何改善顴骨斑？答案很簡單，就是和樂，不生怨懟，顴骨斑自然會因彼此無怨，心情愉悅而消失。

夫妻本是同林鳥，大限來時各自飛；地球是借我們住的，夫妻本是彼此借用，借稱呼的，如果認識到這一點，那麼還有什麼可以吵的！不吵就不會長斑，不是嗎？

以上回答汪小姐的提問；有趣！什麼時候老沈變成了婚姻專家？好不可笑！

三百三十六、眉毛看論人生命理各面向

問：老師您好！我是「面相十二宮與外襲法」的雲端生，請問眉毛除了看論兄弟朋友外，還可以有其他的看論項目嗎？

答：首先，謝謝張小姐的謬賞與支持，這問題範圍還真大，因為眉毛除了可觀論兄弟事業、婚姻、健康外，還可以看論出己身的健康、個性、智慧、婚情、功名與理財等等。

姑且不談兄弟與朋友的對應休咎，老沈就依張先生的問題，回覆如次：

眉毛為一臉之華蓋，男俊秀與女美麗，都得要以眉形作論據，因為眉毛涉及人緣所在，假設眉毛不秀麗，人緣當要減半論之。西方相學所指人緣點位置，就是眉毛、印堂與眼睛，構成的三角點。

從人緣點進一步可推論出事業與功名。大抵而言，眉毛退離印堂者，事業有成，功名可就；反之則否。這可以從商場大亨，官場政客的眉相得到驗證。

眉毛位處神秘十字帶之橫向區，以眉毛看論夫妻情感，舉凡眉毛有所謂的「眉六害」情況者，多數男女婚情不穩定，不穩定的因素，不外是個性不佳、理財無方、缺乏智慧，包括體弱多病。

　　就個性來說，眉毛秀麗，眉過目尾聚者，理性大於感性，所以靜得下來，做事不衝動；反之，眉亂、眉散、眉斷、眉疏、眉侵印堂、眉壓眼等等者，做事率性，毫無計劃，虎頭蛇尾，長期衍生下來，既乏財，又乏才，當然與功名利祿乏緣。

　　眉為保壽官，主健康。眉頭主肺穴，眉頭不該長毛，眉頭長毛侵入印堂，先天支氣管弱化，晚年多半患有心肺疾病；眉尾為肝穴，眉尾是應該長毛，眉尾過目，疾病抵抗力好，如果眉尾不長毛，多半肝功能異常，不生病則已，一生病恐怕是「冇醫！冇醫！」。

　　按「小人相法」眉主手臂，眉痣、眉痕者，手部容易受傷，晚年手臂會有酸痛痲等症狀。

　　相說：眉者鼻之根，眉疏不聚財。眉毛長相佳好者，相對因為理性，所以能積小財成大財；反之，眉疏、眉散者，禁不起聲光影味之誘惑，會莫名其妙出現購買慾，或同情心氾濫，所以流年51歲前積不住錢財。

　　面相好好玩，面相不乏味！以上是老沈不保留的答覆，同時公開與大家分享！

三百三十七、官員無秀麗眉毛之反推探究

問：請問，眉主功名，但有些官員並沒有秀麗的眉毛，卻是位居高官厚祿，這要如何解釋？

答：新聞挖！挖！哇！面相也能來個挖一挖一挖！

　　提問者的問題很具體且具實務性。基本上，面相是門統計學，是社會科學的一種，相書條則對應於實體驗證，無法每次落點都是一，

頂都是貼近於一，如0.95、0.9、0.85、0.8，只要落點在0.8以上，就極具有參考價值。

不能否定的，多數官要大員的眉毛，貼順秀麗，但是有極少數的官員，眉毛不符「龍眉八要」之相理。

提問者王先生問題旨意在，眉毛不秀麗，卻擁得功名利祿。

老沈的回應是，相不單論，因為單一相理對應於單一休咎，是為線性分析普遍存在的通則。

其實，面相除了是種線性類比機制的推論，但若更深入的一窺面相的真實面貌，還可以採多項線性類比交差驗證，以得到最適的演繹推定。

就以少數眉毛不秀麗，卻能擁得功名為例，其背後特殊存在之因素，有如下幾端：

己身眉雖疏，但眼睛必是鳳眼，且真光含藏不外露。

己眉雖疏，但兩眉頭必是退離印堂，印堂顯得開寬平整。

己身眉形不佳，但鼻隆、顴高、耳貼。

眉為兄弟宮。己身眉形不好，但兄弟手足的眉毛特是秀麗貼順。這是手足眉相給的正面影響力道；但自己的眉相對手足而言，沒有加分的作用。此為外襲其一。

鼻為配偶功名所在。己身眉形不佳，卻能幹上要職者，他背後會有個鼻樑長得高、寬、厚、實、正的老婆。此為外襲法其二。

額頭主父母運。己身眉形不佳，卻能官場事業得意者，子女的額頭有著過人的寬敞明亮。此為外襲法其三。

父母下停是子女的舞台。只要父母地閣飽滿，子女多數在社會上會出人頭地，包括眉毛相理稍遜的子女者。此為外襲法其四。

前面三點是說明，眉相差，但其他的好相理所提供的貴；後面四點則是六親外襲法提供的助力，兩者同時參看，你就能一窺面相之奧妙處！

打破砂鍋問到底，佩服王先生求真的精神，以上是老沈給的說

明。謝謝提問！

三百三十八、女生行為曖昧之面相辨識

問：請問，女生行為曖昧，淫蕩不堪，從面相要如何做辨識？謝謝老師！

答：這是位女棧友今日的提問，回答這問題前，容先說明的是，老沈是面相業餘研究者，回答這方面的問題，純粹是站在面相角度探索問題，絕無誣蔑女性朋友的意思，也請大家別找人對號入座。

情愛看眼睛，眼睛會說話，眼睛會透露男女暗情的秘密。因此，看論女生是否行為不檢點，當然從眼睛著手。

如何從面相探索女生多淫亂，這得從眼睛形、神、氣三方面分別來說：

一、眼形

1.後眼瞼鼓起，眼尾嫣紅，性慾強多桃花。
2.眼睛短圓，明顯雙眼皮，沒有主見，容易被情或利誘所困，而失去方向。
3.奸門痣痘或眼尾下長痣者，是為暗情的表徵，至於是否性行為氾濫，就得要與眼神和眼氣一同觀論。

二、眼神

1.眼飄神泛，眼神不能定於一者，主心術不正。
2.眼神鬆散，視瞻飄漫，做事沒有原則，缺乏貞操觀念。

3.眼神暗濁，眼白黃橙，眼珠含水，這是性行為不節制的外徵。

4.眼神特別銳利，珠睛閃動，可以解讀是不甘寂寞的眼神。

三、眼氣

1.上下眼瞼偏暗，除非是過敏體質，否則是熬夜、縱慾過度的表徵。

2.經常眼眶泛赤紅，意味腎上腺素高漲不退，那是「炒飯」留下的印記，隨著眼眶赤紅，同時眉頭之眉毛會微豎起。

以上老沈只就眼睛探索分析情感曖昧、性行為氾濫其竅門所在，對應項目越多，雖不中亦不遠矣！這樣的看論法套在男生，可一體適用之。

面相很有趣！給良知的建議，學懂這一招術，千萬別輕易對周邊朋友做驗證，當心災禍臨門！

三百三十九、額頭奇骨帶傷者中年漸入佳境

問：沈老師，額有奇骨一般來說都是祖上積德之結果嗎？那如果有奇骨而後天受傷，這個如何解釋呢？有點不明白，謝謝！

答：這是來自大陸朋友的提問，提問者對命理頗有研究，所以對這則問題的回應，還真的不能「罄菜」（註：閩南話隨便的意思）說說！

按面相來說，額頭象天，天的解讀有二，一是父母與祖上，二是己身天資。

在中國相書文獻裡，並未曾有額頭之奇骨，是來自於祖上積德的說法；但額頭受傷留痕，這與祖德不彰，是有某種層面的契合，相書是這麼說，按老沈二、三十年來實務驗證，倒也相吻合。

額頭奇骨是資質聰明的外徵，我們常說的「有腦袋瓜」指的就是額頭奇骨；閩南話「好額人」指的是有錢人，因為額頭寬廣又有奇骨，所以要當有錢人要比沒有腦袋瓜的來得容易。

如果，額頭奇骨碰上額頭受傷，在相學的解讀有三：

一、奇骨主天資聰敏，額傷主個性叛逆，兩者合論，就是聰明反被聰明誤。

二、額頭主宰15歲至30歲流年，額頭奇骨帶傷者，年輕多抗上，貴人難逢，所以30歲前奔波無成。

三、額頭奇骨帶傷者，是既帶文昌又帶武曲之命格，帶有幾分文采，又有豪傑氣概，流年來到35歲後，不再受額傷痕的負面影響，功名成就，漸入佳境；我們說，頭角崢嶸，額頭有奇骨者便是；然而，附帶要件是眼睛一定要明亮。

以上回覆遠方的朋友，還請你這位命理新星，匡闕補漏！

三百四十、眼睛左小右大豈是好丈夫的面相

問：網路面相說：男生眼睛左小右大是好丈夫的相。請問沈老師的看法呢？

答：中國相術發祥於春秋戰國，歷經二千多年的發展，在魚龍繁衍下，出現百家鳴放，有官閥派，也有江湖派，各說各法，但基本上還沒有離中國相術的縱軸線。

然而，當代面相拜科技之賜，轉入雲端運作，大搞面相網紅直播，其中有薈萃經典的創發，但不可否認的，也存在著糟粕下腳料在雲端大放厥詞。

男生眼睛左小右大是好丈夫的相？這樣的說法，基本上，是經不起檢驗的，老沈站在面相真理的一方，完全否認這個論點。

老沈對「眼睛左小右大是好丈夫的相」持相反意見，理由如下：

一、問貴在眼，眼睛一大一小，貴相要打折扣，所以說他是好丈夫的相，當然也要打折論處。此其一。

二、眼睛是情緣情愛所在，眼睛左小右大者，主懼內，如果把懼內怕老婆說成是好好先生，還真滑天下大稽。此其二。

三、眼睛流年運為35至40歲，眼睛一大一小，不論男女，流年來到37歲太陽、38歲太陰，婚姻會亮紅燈，出亂子。試問，婚情出現裂痕豈會是好丈夫的眼相？真是胡扯。此其三。

四、眼睛主疾厄，眼睛一大一小者，在流年明九與暗九之年歲，最易發生意外罹難事故。換言之，女人想守寡，就去選個大小眼的先生吧！此其四。

以上是老沈持不同意見理由說明，真理勝於雄辯，通與不通，有理或無理，就留給棧上朋友們去思考！謝謝黎小姐的提問，晚安！

三百四十一、女生嘴唇緊實和嘴巴半開差異性

問：請問，有的美女平時嘴巴都會半開的，是代表什麼？又，嘴唇屬於緊實有彈性且上翹的那種，又代表什麼呢？

答：面相好好玩，臉上符號會透露自身的秘密。林先生的問題，容老沈分兩小節回覆。

一、女生平時嘴巴都會半開

　　1.就個性來說，心性爽朗，城府不深，有話直說，守不住秘密。

　　2.嘴巴半開者，意志力不強，做事計劃不周，貫徹執行力不足。

　　3.嘴巴半開，如果又是掀唇嘟嘴，是為吹火口，吹火口者文化水準不高，又愛說話。

　　4.就健康來說，嘴巴半開不密合，通常人中偏短，是為氣不足的表徵，中晚年易患腰酸背痛疾症。

二、嘴唇屬於緊實有彈性且上翹

　　1.就個性言，處世嚴謹，任事積極，行動執行力高。

　　2.依小人相法，女生嘴巴對應身體部位是陰戶，嘴唇緊實有彈性者，相對的，其陰戶緊實且潤澤有彈性，故能擁得魚水之歡。反之則否。

　　3.從嘴唇緊實或鬆弛，除了可據以判讀年齡外，還能解讀貞節觀念；嘴唇緊實者，能潔身自愛；嘴唇鬆弛者，性行為放蕩不羈。

　　面相是門統計歸納之學，既是統計歸納，當然歸納之落點，少數會有例外情況；還有，嘴唇開與不開，緊實與鬆弛的界定問題，量度不同，看論殊異。因此，在看論上必須嚴謹小心，避免錯觀，引來非議；所以，老沈良知建議：沉默是金！

　　以上回覆雲端生林先生的提問。晚安，祝萬聖節快樂！

三百四十二、戽斗型與內縮型下巴相理之差異

問：請問，戽斗型下巴與內縮型下巴，兩者在面相解讀有何差異性？
謝謝！

答：這提問是比較性的問題，要回答這問題前，就得從下停地閣骨說起。

下巴地閣骨主晚運、子女運與晚年健康；標準的地閣相理，重點在地閣骨寬闊，從下嘴唇至地閣要容下三指幅，且閣骨要朝上。

所以，就從這角度去檢驗，戽斗型下巴與內縮型下巴，戽斗是為閣骨過長，內縮小下巴是為不及。面相講的是中正兩字，過與不及都不是好相理。

既然不是好相理，就有其刑剋事咎影響，兩者有何差異，老沈就剖析如下：

一、就晚運比較

1. 戽斗型下巴者，晚年有恆產，晚運佳，有晚輩依靠，但孤獨。

2. 內縮型下巴者，晚年無恆產，晚運極差，無依無靠，孤寂潦倒。

二、就子女運比較

1. 戽斗型下巴者，與子女或女婿、媳婦，親情互動好，惟流年61.70、71歲刑剋子女，有白髮人送黑髮人之遺憾。

2. 內縮型下巴者，與子女或女婿、媳婦，親情互動不蜜，難享晚輩親情，多數子女既不孝順又不很有出息。

三、就健康比較

1. 戽斗型下巴者，因牙齒咬合不密，易患心律不整之心臟疾病與鼻塞，因人中長所以壽命相對為長。

2. 內縮型下巴者，同樣會患心臟疾病，同時，易患鼻塞、鼻竇炎、呼吸中止症，與胃酸逆流，因上唇突，人中偏短，

故壽命相對不長。

面相好好玩！既能看論休咎，還能望診健康！謝謝蔡小姐的問！

三百四十三、額小面廣貴處人上釋疑

問：請問沈老師，《太清神鑑》云：「額小面廣，貴處人上。」可以請您介紹該書與釋疑嗎？謝謝！

答：這是則看似簡單，其實要特別謹慎回答的提問。首先老沈介紹這本《太清神鑑》幾些要點：

一、本書為王樸撰，書目自序，稱「離林屋洞，下山三載，遍搜古今，集成此書。」作者是否是王樸，根據中國大陸陳興仁著「神秘的相術」一書所指，應是他人藉名偽托之作。

二、《太清神鑑》引用很多宋以前的的相書，但這些被引用的古相書，幾近流失，所以《太清神鑑》彌足珍貴。又，論說有據，編排有序，是一部好的相學著作，因而被收錄在明《永樂大典》、清《四庫全書》，可見《太清神鑑》是本不俗之作。

三、該書最難得的是「心術論」、「論德」兩篇，其中論「心正有福」，「德為形先」，形成了該書形相、心相互為表裡，相得益彰的特色。

以上是該書的簡單介紹。至於《太清神鑑》云：「額小面廣，貴處人上。」之釋疑，老沈的見解是，額小面廣，其五行應該是土行人，得正土行形者，主貴。

先說明土行人之特徵：

　　土行人，頭圓面大，額頭低窄，體裁肥厚，骨大肉硬，頸短肩平、背部隆起，膚色金黃，鼻子圓大。這是土行人之外徵。

　　從這角度來說，火能生土，既是土行人，就不重額頭火來旺土。

　　所以，如果「額小面廣，貴處人上。」是正土行，它需要有其他要件相配合才是。

　　例如，就聲音來說，土形人聲音如甕，說話緩慢，吐字不清，語調平平，音頻不會有很大起伏。聲相違此原則，不能顯貴。

　　又如，就特質來說，土行人最大特質，動作緩慢，個性沉穩，以誠信為重，包容力與抗壓性優於一般金木水火行人；一生無病無災，且天生無懼不憂，最能知足長樂。無法達到這一特質，其貴必減。

　　以上是《太清神鑑》云：「額小面廣，貴處人上。」一文，老沈的淺見與釋疑。謝謝好友黃先生給的冷門題目！請問，這麼回答可以過關嗎？

三百四十四、女生額頭長痣哪是富貴痣

問：請問沈老師，網路面相節目說：女生額頭長痣是為富貴痣，又能旺夫幫夫。真的是這樣嗎？

答：看到這則面相提問，老沈只能說，這年代，吹牛皮不用打草稿，打唬爛不用繳稅金；實在有夠扯！

　　這節目老沈在網路看過，節目諸多的論點內容，如女生眉心痣、田宅眼瞼痣、鼻樑痣、顴骨痣，包括提問者所指的額頭痣，都說成是女生不可多得的富貴痣。這樣的說法，幾乎與古中國面相文獻，大相逕庭。

大哉問！老沈還真不知這些論點，出自於哪本相書呢！

現在，老沈就以張小姐的提問：女生額頭痣是否為富貴痣？作覆如下：

一、額頭痣是嬰幼兒時期，腦袋發高燒不退，留下的印記，是為病症之表徵。

二、女生額頭痣，意味父母中年事業、健康遇阻受損的外徵。

三、就己身來說，女生額頭長痣，年輕具抗上個性，這也是年少奔波的符號其一。

四、女生額頭痣，如果痣在上停當陽，這非但不是富貴痣，也不是所謂的旺夫痣，而是扎扎實實的為夫辛勞的痣相。換句話說，女生有這痣相，先生中年事業必會重大挫敗一次。

五、按老沈實務驗證，女生額頭痣長在上停當陽，如天中、司空、中正、印堂者，第六感異常靈敏，因此，懷有宗教信仰情結，或富有玄學命理探索精神。

以上是我對這一問題的回覆，最後老沈得說，樹林子大了，什麼鳥都有；雲端上，只要你能分辨，誰是拿雞毛撢子充當半仙，那就得了！

三百四十五、地閣長痣者屋頂會漏水釋疑

問：鄙人在網路面相文章看到說：地閣長痣者，家裡屋頂會漏水，請問版主，此說成立嗎？懇請回應，謝謝老師！

答：能從網路面相抓問題，肯定是位面相研究者；據老沈這陣子的點閱觀察，有關網路面相文章，多數人的論點還是有所本，很值得學習，但有少部分的說法，的確值得商榷。

例如，將地閣痣歸論為屋頂漏水，非但提問者質疑，老沈也不苟同這樣的說法。不苟同的原因何在？容以下說明答覆：

一、地閣是可以看論田宅，地閣痣與田宅的對應，不外是房地產買賣糾紛。

二、地閣主子女，也主房地產，兩者聯結起來看論，地閣長痣者，象徵子女會因遺產起糾紛。

三、住家屋頂會龜裂漏水，在相書文獻裡的記載，都指向田宅宮位的眼瞼痣與傷痕，換言之，眼瞼痣與傷痕，才是屋頂龜裂，或是外面下大雨，裡面下小雨的元凶禍首。

四、面相的探索得知道其然，更需要知道其所以然。如有類此疑惑，建議朋友們，直接在網路留言請網路小編釋疑，或許會有更好的答案。

以上回覆莊先生，感謝您對面相棧的支持與提問！

三百四十六、嘴唇氣色對應疾病的歸納

問：請問沈老師，由嘴唇顏色可以診斷出疾病嗎？謝謝！

答：嘴唇是會透露健康疾病的訊息，然而老沈不是中醫師，所以沒有臨床經驗，但在面相研究與探索三十多年來，零星閱讀過醫學上的報導與相書文獻，幾番對照驗證下，嘴唇顏色與健康的確是有對應關聯性。

論斷嘴唇顏色與健康，老沈簡單臚列如下：

一、嘴唇是有色膚色，正常顏色要丹紅，氣色潤明，上下唇看起來沒水，摸起來有水，代表生理健康。

二、嘴唇來到中年的人，嘴唇過於珠紅，意味呼吸器官燥熱，同時代表性慾炙熱。

三、嘴唇紫青發亮，代表腸胃潰瘍，是腸胃虛寒的表徵，如果鼻準烏黑尤驗。

四、嘴唇發青，常見於食物或藥物中毒。

五、嘴唇乾裂發白，是為中暑脫水的唇色相。

六、嘴唇色黑，恐是心臟疾病與貧血症。

七、嘴唇慘白，唇線模糊，男生主腎臟疾病，女生則是子宮糜爛，陰部搔癢之婦科暗疾，相對的也是不孕的外徵。

八、嘴角氣色臘青經命門直入耳朵，是為病入膏肓，生命終結之氣色相。

以上是嘴唇氣色對應疾病的歸納與回應，老沈只知道這幾種唇色相，謹誠摯祈請醫師朋友們，匡闕補漏，感激不盡！

三百四十七、耳貼是非富即貴的好耳相

問：沈老師，如果兩耳都是貼耳，正面似乎看不到雙耳，是該如何作論？謝謝！

答：一般耳相在面相部位的影響力並不是很大，但不可否認的，特別好或特別差的耳相，對所謂的「命運」確實有一定層面的牽引力道，雙耳後貼腦勺，便是典型的例子。

相書云：見面不見耳，主非富即貴；又說：雙耳靠著腦後貼，一生衣食永不缺。可見，見面不見耳是佳好的耳相。

為什麼說，耳貼是好的耳相？老沈的分析如下幾點：

一、標準耳朵相理是，耳長、耳正、耳貼、耳厚、輪廓分明、耳白過面。所以耳貼見面不見耳是佳好的耳相。

二、依耳朵看論個性，耳朵懸張者，沉不著氣，好問好傳播二手消息；耳朵貼腦者，任事穩重踏實不浮誇，個性相對是冷靜沉穩，且不會聽信謠言，好壞消息都隱藏在心裡，不輕易批評他人。

三、面相有鼻顴耳貫氣之說，耳朵貼腦不露，流年走入41至50歲之中年運，耳貼就是一股看不見的助力。因此，絕大多數見面不見耳者，多數會應驗發貴在中年。

四、有趣的是，相當多數耳貼者，在家排序是為次男或三男，而非長男。

五、如果，第四則的論述成立，這又可以大膽推論：

1.其人開朗豁達，樂天知命，無隔夜愁。

2.家有悍妻，妻管嚴，妻子膚色偏白，要求特多，是典型的「聽某嘴，大富貴」之男人。

3.可享遐齡高壽，如果活不到八十歲就算是短命。

4.不用刻意栽培，子女個個都能成材成器。

六、女生見面不見耳，除排序不同論，其他同論。

以上，謝謝香港鐵粉的提問，這問題問得好，希望老沈給的回答您能滿意！

三百四十八、男生額頭紋論斷

問：請問，女生額頭紋論不好，男生有額頭紋是否也都屬不佳的紋
路？期待沈老師解惑。謝謝！

答：面相符號會說話，額頭紋路就是符號。

通常，女生額頭不會輕易出現抬頭紋或細橫紋，如果女生額頭長
紋，都是論凶不論吉。

至於，男生額上抬頭紋，多數是來自寒門子弟，所以年輕出社會
會比別人來得辛苦勞碌，這幾乎是面相學的鐵頭定律。

看論男生額頭紋，不能一概論凶晦，因為解讀男生額頭紋，還得
看紋路的形態而定。

男生額頭是紋以平齊、不亂、不斷為上相，如偃月紋、伏犀紋，
主思緒細密，毅力堅強，人緣奇佳，因為能得到上司提攜與部屬擁
戴，所以年輕雖然奔波，但經努力，中年發貴享有成就，是為白手起
家之佳好吉紋。

還有一種紋路，就是額頭單一橫紋的華蓋紋，這紋路也可以稱它
是孤獨紋，何以華蓋紋是為孤獨之紋，因為華蓋紋者，十分有原則，
不輕易妥協，不擅經營人際關係，他的奮鬥歷程，當然要比偃月紋與
伏犀紋來得艱辛許多，他的成功純粹是靠自己的努力與奮鬥不懈而得
來的。

反之，男生額紋亂、斷、不規則，是為惡紋，例如：飛雁紋、橫
斷紋等，這種紋路非但出身低下階層，思維不縝密，做事缺乏計劃，
而且又生性帶有叛逆抗上性格，因此人生路途多坎坷，除非中停以降
有過人相貌，否則是難以搭上所謂的富貴列車。

以上回覆何太太的提問！

三百四十九、幼兒山根浮顯青筋之解讀

問：請問老師，二歲多幼兒山根浮顯青筋，面相要如何解讀？又如何使之消去？有請釋疑。謝謝！

答：氣色是面相符號的一種，不同的氣色，在不同的部位或不同的年齡，就各有不同的解讀。

以幼童山根出現青氣色為例，其解讀的方向有三個方面：

一、胎兒時期約略有了心跳，因母親受到驚嚇，出生後的幼兒山根會出現青筋，這現象是垂直遺傳所致。

二、嬰幼兒成長時期，受外在環境干擾引發的驚嚇，幼兒山根就會浮顯青筋。

三、根據醫學的報導，幼兒膀胱或輸尿管發炎，這發炎的訊號就顯現在山根，山根出現青氣色。

山根出現青筋或青氣色的幼兒，會因驚嚇或病痛而莫名地哭鬧，尤其在半夜突然哭啼吵鬧不休；幼兒有這種現象，在閩南話裡稱為「歹么飼」（按：不好養的意思）。

在閩南習俗裡，對於這種「歹么飼」的幼兒，通常會找個靈媒收驚，若是收驚未見成效，就會找個有福氣的人家，認個乾爹乾娘的。至於，這樣的民間習俗成效如何，恐怕無法也無從考證。

「歹么飼」的幼兒，可否有第三種方式使山根青筋消失？老沈是曾看過這方面的文章資訊，內容大意說：青者為木為肝，赤者為火為心，火赤可以反剋木青，因心主火，肝主木，所以配合並滿足其需求，逗幼兒開懷大笑，幼兒開心幾回後，可以讓心火逼退青氣色。

這招用心火逼退青氣色是否有效？老沈幾個朋友給回應說，還真的有效！

以上回覆廖先生今晚的提問，謝謝您，晚安！

三百五十、異路功名的相理

問：所謂的「異路功名」或者是「異路財榮」的相理，敢問沈老師，不知在面相上是否有此一說？若有，請問如何觀察出來？

答：這道問題冷門，但卻有值得討論的空間。既然值得討論，老沈就與陳先生分享個人的見解如下：

一、在面相文獻裡，確實有「異路功名」或者是「異路財榮」之說，而所謂的異路，指的是冷門的行業，非正統的行業，非主流的產業，或非科層組織的行業。如演藝、技術、宗教、哲學、命理、記者等自由自在的行業。

二、「異路功名」或者是「異路財榮」之相，要如何觀察出來，質言之，問的就是看哪兒，從哪裡看？實話直說，就是從額頭與眉眼看。

三、「異路功名」從額頭來看，有如下幾種長相：

1.額頭有一高一低，或一凸一陷。

2.額頭有明顯美人尖，或如鋸齒狀的髮際線。

3.額頭與印堂當陽受傷留下疤痕。

4.額頭當陽長痣或生印斑。

5.額頭中正明顯凹陷。

「異路功名」從眉毛來看，有如下二種長相：

1.一字眉或稱連眉者，戰亂從盜者昌。

2.眉尾長而逆亂者，戰亂或武職得貴。

「異路功名」從眼睛看，有如下三種眼相：

1.眼如銅鈴，睜露圓大，承平從事軍警可得武貴，戰時從盜可見昌吉。

2.眼神銳利，殺氣逼人，承平主凶，亂時得吉。

3.眼神飄漫，神流波泛，無法在科層組織存活，如從盜入娼，可算異路財榮。

四、有上列相理者，叛逆成性，年輕奔波，35歲前缺乏長上緣，
　懷才不遇，因此，無法在有長官有部屬的科層組織內，出人
　頭地。如果能學得一技之長，獨立工作，反而能走出一片
　天。

五、但書是，額眉眼破陷者，不是每個人都能有異路功名、異路
　財榮，這還是要從頭臉看整體的器宇，器宇異於常人者，可
　以得富且貴，器宇庸俗者除外。器宇，氣質也！

以上回覆陳先生的提問，陳先生四十年前就涉獵相學，想必是一
方之家，尚祈斧正匡漏，謝謝！

三百五十一、女生法令紋既深又長秀之解說

問：請問沈老師，女生年紀不大，但法令紋既深又長秀，要如何解讀
　它的休咎？可給解惑嗎？謝謝！

答：法令紋可以看論健康、個性、事業、婚姻；法令紋標準相理是：
　寬、深、秀、長、對稱，且無斑紋痣痘痕等違章建築。

法令紋與年紀要成正比，如果年紀輕輕就出現既深又長的紋路，
是不好的紋相；女生紋路既深又長秀，其對應休咎看論，有下列幾
項：

一、先就健康來說，法令主腳足，紋越寬深，腳的力道越好；法
　令主泌尿下消系統，紋越寬深，泌尿系統相對健康。所以
　說，法令紋寬深秀長者，能享高壽遐齡。

二、就個性來說，法令紋越深越長，個性堅毅，一板一眼，勇於

任事，很有原則，但不輕易妥協。

三、就婚姻來說，法令紋深長，從個性這一論點衍生下，女生就
　　是剛氣有餘，柔性不足，這對婚姻會有負面影響，難享夫
　　情，先生則顯得沒責任感，所以女生就得要擔起家庭重擔。

四、就事業來說，法令紋寬深長者，工作與居家不易變動，事業
　　穩定直到晚年。

五、另外，法令紋過深過長，意味年少艱苦又獨立，求學過程都
　　是一面工作，一面讀書。

六、如果，女生法令紋既深又長，印堂千萬別出現懸針紋，因為
　　這是守寡的紋相。

　　以上回覆蕭小姐的問題，請別對號入座，希望第六項不要發生，
謝謝妳的提問，祝心想事成！

三百五十二、生男機率比較大的女生長相

問：我是獨生子，未婚，父母很在意，一定要我生男丁傳宗接代，請
　　問沈老師可以指點哪些類型的女生長相，生男生的機率比較大，
　　拜託解惑，感謝不盡！

答：連這問題都找上我，看來老沈已變成萬事通的王祿仔，回也不
　　是，不回也不行，看在郭先生的孝心與誠懇，在此，我僅能就所
　　知的丁點面相知識，回覆如下：

一、生男生女，男生的相理看嘴珠，嘴珠帶尖者，生男多於生
　　女。反之，上嘴唇呈現的是鈍角乏珠，生女多於生男。且請
　　自己對號入座。

二、如果父母重男輕女，且當兒子的必須達成父母的期望，那麼在選擇老婆時，是可以從面相的相理去做判讀，生男的機率大或是小。

三、女生生男多於生女，有二個重點特徵，一是人中溝渠要寬要深，二是人中底部與上嘴唇處，正看如含珠，側看微凸翹。

四、面相是中國古神秘文化的一個系統，與山醫命卜相同源不同流，據面相實務驗證，祖父母想抱男孫子，就得從孝義出發，倘父母對自己父母不孝，如想要獨子生個男金孫，機率相對偏低。

五、當今社會兩性平權，別再陷入男尊女卑的封建舊思維，生女優於生男，且能光宗耀祖的例子不少，何不與父母溝通分享，否則入門的老婆壓力大了，對胎兒就是傷害。

以上回應帥氣的郭先生，請參考，祝你父母心想事成！

三百五十三、骨相是福祿的根本所在

問：請問沈老師，何以「貴賤定於骨法？」末學願聞老師道說其詳。感激不盡！

答：古相術中有句名言：「骨相主一生榮枯；氣色宰一時休咎。」因為古代相術家都把骨相作為論命最關鍵的功夫。

古代相士觀察人的骨格，稱為「揣骨」、「捫骨」、「摸骨」，是用手揣摸骨骼的形狀，然後說出相應的休咎。因此才有「相人之身，以骨相為主。」、「貴賤定於骨法」之說。

骨相如器皿，鑑器皿而知其功能。東漢王充在《論衡》一書中專

門有《骨相》一節探討骨相與性格命運的關係，從此奠定了骨相在相術中的重要地位。

又，漢末王符對骨相也十分重視，他在《潛夫論》說「骨法角肉各有部分，以著性命之期，顯貴賤之表。……夫骨法為祿相，氣色為吉凶候。」這顯然把骨相看成是決定其人福祿的根本所在。

又，古代相術家相認為，骨為君，肉為臣，骨肉相應相稱，是為善相，因為，骨骼形相在整體形相與面相中起了主導作用。

《神相全篇》有兩首詩精要的論述了骨與肉的關係，詩曰：骨不聳兮且不露，又要圓清兼秀氣；骨為陽兮肉為陰，陰不多兮陽不附，若得陰陽骨肉均，少年不貴終身富。」又曰：「貴人骨節細圓長，骨上無筋肉又香；君骨與臣相應輔，不悉無位食天倉。骨粗豈得衣食豐，部位應無且莫求；龍虎不須相剋陷，筋纏骨上賤堪憂。」

貴賤定於骨法，這便是相術家何以用骨相鑑識富貴、貧賤、福祿或禍凶依據之所在。

以上回覆雲端生的提問，這問題已趨近學術討論議題，老沈就回答到此，還請賜正！

另一提問有關九骨法，待有空再回應，謝謝！

三百五十四、九骨為奇骨主非凡庸之相

問：古相書談到「九骨」，請問沈老師何謂「九骨」？可請解說分曉嗎？謝謝！

答：《論衡‧骨相篇》指出：「人曰命難知，命甚易知，知之何用？用之骨體，人命稟於天，則有表候於體，察表候以知命，猶斗斛

以知容矣！」又說：「按骨節之法，察皮膚之理，以審人之性命，無不應者。故知命之工，察體骨之正，睹富貴貧賤，猶人見盤盂之器，知所沒用也，……富貴之骨，不遇貧之苦，貧賤之相，不遇富貴之樂。」

這就是說，要知道一個人的命，只要觀察他的骨骼形體及皮膚之紋路，就能對這個人的命運作出靈驗的判斷，如同人們看見不同的器皿，就知道這些器皿不同的功用。

中國古相術家採納骨相定貴賤之說，只因藉骨相能據以判讀富貴與貧賤、福祿與禍凶；因此，當東漢王充、王符提出骨相理論架構後，相術流派枝蔓下，更演繹出「九骨」或稱「九骨法」之學說理論。

相書云：七尺身軀，抵不上一尺之臉。所以相術家都認為，頭部之骨才是命運福祿好壞的關係所在。而頭部之骨首要便是「九骨」。

按，《月波洞中記》云：「骨法九般皆貴相也。所謂九骨者，一曰顴骨，二曰驛馬骨，三曰將軍骨，四曰日角骨，五曰月角骨，六曰龍宮骨，七曰伏犀骨，八曰巨鼇骨，九曰龍角骨。」

相術家都認定「九骨」是貴骨，然而曾國藩《冰鑑》一書所列「九骨法」與上述「九骨」顯有不同。《冰鑑》所指：一是天庭骨、二是枕骨、三是頂骨、四是佐串骨、五是太陽骨、六是眉骨、七是鼻骨、八是顴骨和九為項骨。

兩者名稱部位雖然有異，但觀論不外是以骨起高圓為準據。高，指頭頂聳立峻拔，有如山峰，屹立不搖；圓，指飽滿，整個頭部看起來十分厚實，不缺不陷。

綜合言之，九骨是為奇骨，奇骨多非凡庸人之相，主貴，反之為俗。

以上繼「貴賤定於骨法」提問，再次回應黃先生的問題，要回答這兩個提問，還真的要搬出好幾本書的學理方能完整作覆，這兩三天，老沈溫故知新，謝謝您！

三百五十五、女人男相與男人女相之分析

問：老師請賜教，女人男相屬賤格、男人女相屬貴格。怎麼說呢？請老師釋義，謝謝！

答：謝謝賈小姐提問：女人男相屬賤格、男人女相屬貴格？在我的認知上，兩者均不是佳好相格。

先談女人男相何以是賤格：

一、就外形來說，女生長得一副雄腰虎背，行為粗魯不堪，硬是缺乏沉魚落雁，閉花羞月之美人胚子佳相，是為歹命相，俗話說：歹命女人難入好命門。此其一。

二、就個性來說，女生宜柔不宜剛，太過大男人個性，是為牝雞司晨，顛陰倒陽，雖可發旺一時，但終究流星劃夜，不能持續永久，所以當以賤格論之。此其二。

其次，男人女相何以非貴相，原因有二：

一、男人女相者，大多來自富裕人家，自幼嬌寵成性，才會讓他養成嗲聲嗲氣，嬌嗔柔弱之習性，但終因不能刻苦耐勞，難扛重任，所以稱不上是貴相格局。

二、男人女相者，在古代戲班子裡，可反串女旦角色，輕鬆謀得美饌佳餚糊口，所以古代相書才有男人女相是為貴格之說。然而近代時空因素改變，當美女可以粉墨登場後，已少有反串戲碼，這項面相條則是有修正的必要；除非是白先勇筆下的「孽子」，雖是小帥哥大男人，卻像小女子般「嫁」入豪門，雖能得富，但絕對稱不上貴相格局。

以上是老沈的見解，也許容有再討論空間，還請大家惠賜高見！

三百五十六、古相書對髮相之專篇介紹

問：請問老師對髮相之研究看法如何？學生想問髮相與命運的對應休咎關係。期待回覆，感謝！

答：髮相是面相的一環，古相書沒有專篇介紹，僅散見於少數相書裡，如《神相鐵關刀》、《相理衡真》兩書，與《風雲子先生相法》等。

以下老沈分別摘列這三書內容大要：

一、《神相鐵關刀》說：

1. 髮者血之餘也，而人生富貴吉凶，福禍貧賤，均可知矣！

2. 髮宜軟、宜疏、宜黑，得此則為富貴福壽；忌硬、忌粗、忌黃，得此則為夭折貧寒。

3. 髮粗而硬，男女多剋；髮軟如絲，夫妻恩愛。髮黃多貧賤，髮焦多貧寒，老尤困頓。

4. 孩提髮密，性多頑；男女髮低，運氣塞。落髮過早，要防命短，亦為財空；髮捲刑傷多見，髮亂散走他鄉。此相髮之大概，而吉凶自可見也！

二、《相理衡真》云：

1. 侵眉亂額，多見災厄；鬢髮粗疏，財食無餘。鬢髮亂燥，憂愁到老；頭小髮長，散走他鄉；髮黃而焦，不貪則夭。

2. 髮短如拳，立性剛強。或赤或白，必主貧賤；髮細潤澤，直求官職；髮細如絲，榮貴之資。髮鬢亂生，狡詐人憎。

3. 髮中赤理，必主兵死。額髮亂垂，妨母之宜；鬢髮不齊，剋害妻兒。髮稀而細，有名有利；髮粗如麻，貧苦多磨。

4. 髮疏光潤具天聰，秉性人慈亦渾融；若得眉清與目秀，何愁身不到穹宮。

5. 光如黑漆細如絲，便是人間富貴姿；髮廣長垂尤還俗，南形北相更矜奇。

6.頭小髮長性倔強，髮長額窄命難長；髮生到耳貧頑子，髮捲如螺帶剋傷。

三、《風雲子先生相法》曰：

1.髮如漆黑，衣食不缺。男子頭髮軟而細，此生一定有出息；女子頭髮金如絲，必是高門貴婦人。

2.前髮上長剋父，後髮如螺剋母；髮粗硬人心耿，髮似青絲人心溫和。

總之，人以髮長而潤，烏黑有光，秀柔且細為佳，主身心健康；但粗而黑者是為強壯，粗、硬、黃、枯、亂，則主病態與貧困。

以上，老沈以古相書文獻回覆蔡小姐的提問，還請賜正，謝謝！

三百五十七、太陽穴出現青筋解讀

問：請問沈老師，中老年人太陽穴出現青筋，在面相學要如何解讀，期待回覆，謝謝！

答：中老年人太陽穴出現青筋，這問題要從兩個方面回答：

一、就健康來說

1.太陽穴在眉尾與眼尾交點處約兩指之處，是頭顱顳部。該處是腦膜動脈經過的地方。

2.正常人的太陽穴不會出現青筋，如果該地方出現青筋，且又呈現彎曲之形，按中醫脈診的說法，是高血壓動脈硬化的徵兆。

3.按中醫的說法，中老年人太陽穴出現青筋，同時意味著四肢手足會出現麻痺。

二、就男女婚情來看

　　1.太陽穴是面相十二宮之夫妻宮部位所在，從這部位的違章建築如暴青筋者，可以解讀為，夫妻因隙失去親愛和睦。

　　2.如果這青筋出現在右奸門，可往老婆健康之問題推測；倘若是在左邊，則可臆斷為男女私情困擾。女生則反向論之。

　　面相好好玩！如果是健康問題，就得趕緊就診詢醫治療；如不小心是為男女私情困擾，那就別對號入座，或問老沈：「怎麼辦？」

　　以上回應邱小姐的提問，謹供參考，不為依據。謝謝提問！

三百五十八、男生額頭高寬凸會奉養雙親

問：請問，何以男生額頭高寬凸的，會奉養照顧父母親？又何以這般額相者，父母能享遐齡高壽？謝謝！

答：面相有問必答，只因老沈樂在面相探索中。

　　首先回答第一個問題：何以男生額頭高寬凸的，會奉養照顧父母親？

　　額頭高寬凸者，日月角骨特是凸起，日月角骨象徵天資聰敏，即所謂的腦袋瓜聰明佳好，是為頭角崢嶸之額相，因此年少可以早發。

　　相書云：「無額不富，無額不貴。」閩南話說「好額人」，指的就是有錢人的意思。職是之故，如果兄弟多人，其中額頭高寬凸者，更有經濟條件奉養父母，倘他無同住的事實，至少也是經濟物資最大或最主要的供應者。

　　又，額頭象天，指的是父母，額頭高寬凸者因成就好，父母會

以子為榮耀；且額頭高寬凸日月角凸起者，侍親至孝，加上記憶、反應、推理、直覺特好，最知道父母生心理需求，所以父母最喜歡與之同住。

其次，回應宋先生第二個提問：何以兒子額頭高寬凸者，父母能享遐齡高壽？

日月角主父母宮，子女額頭高寬日月角凸起，用外襲法反推，意味父母生心兩全，父母事業中年發貴昌利。在心物兩得之下，養生有道，多休少咎少病，因此，有錢人壽命通常會比較長壽。

還有，額頭高寬凸的子女，對父母極盡孝順之道，提供父母佳好生活環境，頤養天年，因此，父母多數能享遐齡高壽，其道理在此。

當代孝女孝媳也不少，所以這命題與回覆，男女皆適用。

以上，謝謝宋先生提問！

三百五十九、從鼻眼眉相解讀吝嗇或重利輕義

問：請問：相書說：鼻不露孔灶主節儉。如果一個人吝嗇或重利輕義，有什麼特徵可看的出來嗎？謝謝沈老師！

答：這提問要回應是乎有點困難，因為「吝嗇」與「重利輕義」都是不確定概念的用詞。如，什麼是大方，是施利的一方才叫大方，還是有錢的善人才是大方，這有著經濟條件與時空因素的變異性；所謂「重利輕義」也可以如是作差異解釋。

因此，老沈採折衷說法，回覆陳小姐的問題如下：

一、鼻為財帛宮，從鼻子準圓可以解讀健康、個性，再由健康個性據以判讀財帛豐富或匱乏。

　　1.有土斯有財，鼻準圓大者，腸胃特好，能以體力與工作時
　　　間換取金錢物質，所以他相對的較富有；反之，鼻準尖窄
　　　者，因腸胃健康不佳，財富相對不豐盈。

　　2.鼻準大而低垂，井灶不外露者，個性節儉不奢華。只知努
　　　力賺錢，不輕易花錢，只入不出，所以會讓人感覺一毛不
　　　拔，或者重利輕義。

　　3.鼻子尖窄者，個性上是精神層面大於物質層面，只要他認
　　　定的好友，他會仗義輸財，受益者會說他輕利重義；如
　　　果，不是他認定的友人，要他仗義輸財恐是難上加難，以
　　　這樣的情況就指控他，重利輕義，恐是偏見。

　　4.鼻準乏肉，兩翼孔灶外露，這是樂觀的貧病交困之鼻相，
　　　他想大方卻是阮囊羞澀，這豈能說是吝嗇一族。

二、眼睛會說話，眼睛所說的話是世界共通的語言。真正吝嗇或
　　重利輕義，是要從眼睛作解讀。

　　1.眼睛扁細，眼神神漂者，城府特深，沒有相對價行為關
　　　係，你是別想在他身上得到物質的施捨，更別說精神上情
　　　義相挺了。

　　2.眼珠上視、斜視，眼呈三白者，是為自私自利之眼相，吝
　　　嗇與無情就寫在眼睛裡。

三、從眉毛印堂來看，兩眉交鎖，眉毛短不過目，大多對朋友薄
　　情寡義，這般眉眼相者，是準用吝嗇或重利輕義之特徵。

四、就實務面來說，例如，有人發在少年，滯在中年，困在晚
　　年，晚年已自顧不暇，又那能輸財又仗義；又如，有人年少
　　貧困、中年昌旺、晚景榮貴，他就有能力去實踐「馬斯洛需
　　求層次理論」（其需求層次分為生理、安全、社交、尊嚴、
　　自我實現、超自我實現等六需求）而回饋社會，不是嗎？，
　　所以「吝嗇」與「重利輕義」的特徵，是有時空因素的差異
　　性。因此，應該是沒有正確的答案。

以上回覆面相明日之星陳小姐的提問，還請賜正！

三百六十、法令紋斷者之面相休咎

問：請問，男生法令紋在嘴角外上斷紋，又從斷紋內邊重疊長出紋路，面相休咎作何解讀？祈請沈老師釋義。

答：鼻翼兩側有兩條向下延伸到嘴角旁邊的紋路，是為法令紋。通常男生三十來歲後應漸深且明顯，顯示成熟穩重，意志堅強；如果模糊不明顯，則是多樂天且天真。

蓋法令主文書、威嚴、泌尿、腳力與壽命。本問題旨在分析法令紋挫斷於嘴角外上，本提問老沈的回覆如下：

一、法令紋斷者，事業中挫遇阻，流年約落在56.57歲許。如果紋斷處內邊又往下延伸且秀，年過58歲仍有東山再起的機會。倘往下紋路接續不秀，事業不繼大概底定，難以翻身。

二、法令主文書威嚴，紋斷者，令不出門，威嚴不立；換另一個角度來說，任事無法堅持到底，問題出在部屬不相挺。

三、法令與懸壁主泌消運作系統，消化看懸壁，泌尿看法令。法令紋斷續者，泌尿功能提早退化，易引發痛風症狀。

四、就腳疾來說，問題所指之法令紋斷後再重疊，因位處鼻翼與嘴角中間，這樣的紋相通常可以往寬髖骨受傷異位看論之。如果是在嘴角邊，足疾就在腳腕關節。

五、腳為第二個心臟，法令紋深秀長者，壽命相對長命，反之則否。

以上回覆郭先生的問題，希望你不是問題本人。祝平安喜悅！

三百六十一、從五官部位變化推論壽元將盡

問：沈老師談過耳朵與命門部位青蠟色，是腎氣衰竭的氣色，請問，還有哪些部位會顯現出是生命終結的相理？

答：以耳朵及命門氣色明與暗，是可以看論腎氣衰竭，然相不單論，如果要判讀病患生命即將終結，當然還有其他部位可為佐證。

按，中醫古籍《金匱要略》云：「病人口張者，三日死也；鼻口虛張……三日死也；病人脈絕，三日死也；口張足腫，五日死也；……目瞪口呆，勢危者，必絕也。」

由上可見，人之將亡除了耳朵與命門氣色是主要觀察點，若配合眼睛、鼻子、嘴巴這些部位的變化，則能更精準推論其人壽元將盡。

以上回應蘇小姐，面相提問與回覆兩相得益，謝謝妳對老沈的支持與肯定，更謝謝妳的提問！

三百六十二、右上唇傷痕須在意防範事項

問：請問，我先生右上唇受傷留痕，需要在意或防範哪些事情？如蒙允答，感激不盡，並捐善米十包！謝謝！

答：面相問題無奇不有，來訊要老沈幫看相的，越來越多，但老沈沒開館設硯，所以私訊求相，一律婉謝，若採以答客問回應，老沈是樂此不疲。

問，上唇受傷留痕，需在意哪些事咎？老沈回應如下幾端：

一、嘴巴為出納官，主飲食與司言，所謂：「病從口入，禍從口出。」凡嘴巴破陷如唇痣、唇傷者，言語表達要特別謹慎，

意思表達不完全或過於詳細甚至言過其實，都容易引來誤會而造成口舌是非爭辯。

二、嘴巴上唇是為祿倉仙庫，仙庫指的是暗房，如臥房、廚房、衛浴室、儲藏室，仙庫因傷痕破陷，意味住家暗房雜亂不堪，如不做整理打掃，小心女主人婦科暗疾悄悄來襲。

三、右上唇主53.55歲流年運，上唇傷痕是損財損業的表徵，因此，就事業運來說，行運至仙庫流年，運勢勢必遇阻，故宜保守不宜貪進，更別說合夥投資了。

四、嘴巴為水星，主宰56歲至64歲流年大運，凡上唇痕疤觸及水星者，56歲至64歲是個關隘，流年60與61歲更見晦咎塞運，包括是非擾身。

五、如果妳先生嘴巴四方正，上下唇相覆載，事咎可以減半，倘若嘴巴唇薄、偏小、歪斜，上列四點事咎則是雖不中亦不遠矣！

千金難買早知道，既然老沈給了早知道，接下來的功課只有妳夫妻倆去面對與改變了。

社會因妳而偉大，謝謝張小姐捐善米十包，也謝謝妳給了「面相答客問」好題材。祝心想事成！

三百六十三、女生剋夫妨夫之相

問：請問老師，可否請您提列出，女生哪些長相是剋夫、妨夫之相？謝謝！

答：所謂的剋夫、妨夫，是大男人主義社會的封建用語，基本上對女性帶有貶損之意思。

然而剋夫、妨夫這個用語，古代相書裡屢見不鮮，至於當今的面相研究者，也習以為常地引用，包括不才老沈不也偶爾會犯這個毛病。

既然劉先生來電提問，老沈就戮力回覆了。

有關剋夫、妨夫的長相，古相書文獻裡著墨不少，其中最是精要的是，古相書《麻衣秋潭月論人》記載：「準尖齒露并喉結，額側唇掀骨格粗，髮焦似火龍宮陷，敗盡人家剋盡夫；毬頭額廣背豐隆，耳反神清唇更紅，須剋一夫並破祖。」

以下，我們就所謂剋妨夫之幾種相理，嘗試說明如下：

一、準尖：指的是鼻準尖兩翼不張，這種鼻相重視精神層面，不在乎物質慾望，個性獨我，不易溝通，稍有不如意，就有歇斯底里的言行舉止。

二、齒露：齒露暴牙者，文化水準低，話多語急，沉不住氣，愛爭辯；另外，氣虛體弱，壽考不長。

三、喉結：女生喉結者，富含男性賀爾蒙，說話雄聲焦烈，音質粗濁，音色不清潤。

四、額側：指額頭上府兩邊不對稱，這種相者在家傷父，出嫁妨夫，妨夫流年於35歲後不忌。

五、唇掀：唇掀與露牙者，兩者近相同論，不同的是唇掀者言語具有攻擊性，好勝心強，正理少，歪理特多，會令人難以招架。

六、骨粗：女生骨粗者，體態如雄如虎，個性強悍，宛如男人婆，硬是缺少女性應有的嫵媚與溫柔。

七、髮焦似火：意指頭髮散亂，枯焦如火。凡髮枯、髮焦、髮粗、髮色赤紅，都屬不佳的髮相，主心思不縝密，個性剛強，不擅灑掃庭除，懶婦一族。

八、龍宮陷：指的是眼窩凹陷，眼窩凹陷者，先天血氣不足，內分泌失調，無法享有魚水之歡也。

九、毬頭：指頭髮捲毛如絨毛，個性剛毅不屈，自我意識高漲，髮粗者尤甚。

十、額廣：女生額頭特是高凸寬廣，相稱「照夫鏡」，對先生的要求特是多又高，且會奪走先生的光彩，先生難有自己的空間。

十一、背豐隆：同第六項骨粗。

十二、耳反：意指耳朵輪飛廓反，輪飛廓反耳相者，堅韌剛強，頗有主見，愛唱反調，又不易溝通與駕馭，耳朵乏珠垂者尤最。

十三、神清唇更紅：神清且唇如含丹之紅者，性慾特是炙熱，是為生理殺夫之唇色相也。

　　以上是老沈針對古相書《麻衣秋潭月論人》有關剋夫、妨夫相理，細項解說，除此之外，至於當代相書有關剋夫、妨夫的著墨也不少，老沈就不再贅述。

三百六十四、眼白痣與桃花痣之闡釋

問：請問，眼球之眼白痣是否為桃花痣？又，那種痣相才是桃花痣？有請沈老師釋疑，謝謝！

答：提問者是韓國朋友，這問題容我分兩段說明答覆：

一、眼白痣的釋義

　　1.眼白痣分兩種，一是內傷造成的痣，二是先天帶來的痣。

2.眼白痣不屬於桃花痣,但眼白長痣者,一生中情感會重大受挫一次;如果眼睛飄漫不定,是可以朝桃花眼推定。

3.眼白部位在中陽中陰,眼白長痣者,說話多保留,會有選擇性善意的謊言,如果是兩顆痣並存,是可推論言行不一。

4.眼白痣者,生性機靈,反應靈敏,辯才無礙,語言表達特是佳好。

5.以眼睛論吉凶,眼白痣者是為凶相,特需在意人身意外引發的悲劇。

二、桃花痣的說明

1.痣落點在印堂、山根、鼻子、奸門、眼角外下、嘴角下方,都可以說是桃花痣。

2.如果痣在奸門,並且上述部位也都有痣,是為桃花朵朵開的痣相。

3.男生奸門痣在左,是為主動桃花;痣在右則屬異性緣旺的被動桃花。

4.痣在眼角下者,是為暗情桃花,這暗情周圍人都知道,唯獨配偶被蒙在鼓裡。

5.男生鼻樑長痣,屬桃花痣相;女生鼻樑痣並非桃花痣,應該推論被婚情所困,戀情婚情至少會挫折一次。

6.嘴下角痣何以歸在桃花痣,只因言語表達容易被異性誤解,引發感情糾纏。男女同論之。

7.是否為桃花還得要與眼神、眼氣、印堂與奸門氣色搭配看論;更貼近的看論方法,則是痘痘,舉凡在奸門、印堂兩邊、或上下嘴唇冒出了痘痘者,是為當下桃花呢!

以上回應韓國朋友的提問,您是面相方家,還祈求教授匡闕補漏,謝謝!

三百六十五、左下巴法令紋內側有痣長毛之休咎

問：請問，左下巴的法令紋內側有痣且長毛，有何休咎？請沈老師釋惑，謝謝！

答：凡臉上痣裡長毛，都屬所謂的活痣，這活痣又大都出現在下停見常。

左下巴法令紋內側有痣且長毛，其休咎解讀如下幾端：

一、既是活痣代表水氣足，生命力旺，晚年運好，下巴寬闊者加分看論，下巴狹窄者，則減半論之。

二、凡下巴痣且長毛，這是白手起家的痣相；既是白手起家，那麼代表年少奔波或系出寒門。

三、下巴外側法令紋內側，這部位象徵子女運，男生這部位長痣可以解讀兒子曾在學業、婚姻、或事業遇阻，但因屬長毛的活痣，所以意味可以撥雲見日，無害通過。女生反向論之。

四、這顆活痣從田宅角度來論，他居住的房子很有品味，通風採光特別好。

五、下巴外側法令紋內側之部位，稱為比鄰、鵝跛，凡比鄰或鵝跛長痣，姑且不論是否長毛，在面相文獻裡，都會標示是「水厄」，其意思是忌水，若親水易發生淹溺意外等情事。

六、近法令紋的痣，晚年得小心摔傷，跌摔傷部位就是在腳踝。

七、下巴法令內側長痣且長毛者，他己身是個好鄰居，但偏偏會遇上惡鄰居，搬到哪兒都一樣。

八、有趣的是，比鄰痣者不論是否長毛，買賣房地產總是會發生糾紛，因此，在房地產交易前得先做好功課。

以上回覆，謝謝台南好友的提問，這篇回應是三十多年來，老沈面相探索驗證的心得，倘有缺漏，還求請您這位南台灣五術界高手，指導賜正。謝謝！

三百六十六、眼白長痣或烏青點主內傷

問：請問，老師說眼白後天生痣，或烏青點，是內傷的表徵，請釋疑。謝謝！

答：面相是中國古神秘文化的一支旁系，它存在著玄學的一面，但不可否認的，它有生理學的對應關聯性。

按，《少林十八銅人簿》記載：眼白長痣或烏青成點，主內傷，就是生理學對應關聯性之其一。

如何從眼白看論內傷所在，老沈依序說明如下：

一、以雙眼兩眼角，各畫出一條水平線，區分出上眼白與下眼白。

二、水平線上之眼白是為脊椎，下眼白則代表胸膛腹部。

三、上眼白處靠近內眼角處是為脊椎；下眼白靠近內眼處是為心臟檀宗穴位。

四、故，左上眼白主左背部；左下眼白主左胸膛；右眼同屬之。

五、舉例來說，左上眼白近眼角青痣，代表左脊椎骨曾撞傷；又，如眼白青痣在黑眼球上緣，代表背部肋骨中段曾撞傷，如痣在上眼白尾端，代表肋骨下半段撞傷。

六、反之，痣在水平線下眼白近內眼角，受撞傷部位在心窩，痣靠近眼球下，是為上胸腔骨受傷，痣在下眼白外側，則主肋骨內傷。

七、撞傷當下，眼白出現青痣，內傷治癒後青痣會消失，內傷未治癒則青痣色會變為黑痣。

哈！江湖一點訣，說破不值錢！大家明白了嗎？

打破砂鍋問到底！以上回覆溫先生的提問，謝謝你拋這個好議題！

三百六十七、早婚與晚婚的面相

問：請問，老師可以分析早婚與晚婚的面相嗎？另外，依面相能否解讀適合結婚之流年？謝謝！

答：按面相書籍文獻所載，面相是可解讀婚姻年齡，但那是農業社會大環境下的統計歸納個案；基本上，古相書的條則說法，在大環境變遷下，已受到很大的挑戰。

然而，工商社會的今天，結婚年齡約略是要比四，五十年前來得晚很多年；因此，以面相看論結婚年齡，與時俱進，得要做出微調，故本回答並非唯一的標準，僅能供大家作為參考罷了。

早婚的相：

一、男女生眼睛圓大者，生性感性，如果額頭又有美人尖，或受傷，男女情感容易衝動，無媒自嫁，無媒自娶，是為早婚的相。但這種相者，流年19、22、25、28歲，婚姻不美，衝突不斷，如果能熬過28歲婚姻才能漸趨穩定。

二、女生五官不立體，肉餅臉，男生眼神銳利，是為早婚的面相。

晚婚的相：

男生眼睛扁細長，耳朵反耳骨，晚婚見常；女生臉型立體，五官分明，是為晚婚之相。

結婚流年：

一、美人髮尖、額頭岔、額頭受傷者，不論男女，不宜早婚，應避開流年28歲以後方可結婚。因為，美人髮尖、額頭受傷者，年輕奔波，事業與婚情阻礙重重。

二、額頭長相好，又眉毛秀麗者，結婚流年不忌，隨時都可以結婚；反之、額頭長相好但眉毛不秀，眉斷、眉傷，因為眉主情緣，結婚就得避開31、32、33、34歲，硬要在這幾個流年結婚，婚姻初期會多爭執不快。

三、當代年輕人礙於生計壓力大，晚婚、不婚主義者很多，又國民平均壽命延長許多，因此，以面相看論婚姻流年，容有修正的必要。說真的，面相書籍有關這方面的條則，似乎已不管用了。

以上回覆大陸遠方朋友的提問，謝謝張先生，祝大家聖誕節平安快樂！

三百六十八、「富燒香，窮算命」的解讀

問：華人社會有句「富燒香，窮算命」，請問沈老師對這句話的見解如何？謝謝！

答：面相棧自開設答客問以來，問題無奇不有，多元創新，對老沈來說，每個問題都是挑戰，都是考驗；這也好，與棧友們正向的互動切磋，相得益彰，這何嘗不是樂趣一樁！

「富燒香，窮算命」？燒香一節並非老沈強項，老沈僅對何以一般人喜歡算命說起。

在古中國社會裡，先祖們敬天畏地，對不確定的未來，都懷著一股好奇與探索的期望，命運之說於焉誕生。

中國先祖們對命運吉凶福禍的探索途徑，從卜卦、預測天象、宗教、命理、測字，一路來到相術，都只是為滿足統治者、名門望族與各階層老百姓特殊的精神需求，因此，命相方術便與人們的精神需求息息相關。

因人類有著強烈的自我意識，與自我實現的欲望，但個人的發展，一方面取決於自己難以確定的能力，同時，另一方面還得取決於

外在環境不確定難以預測的因素。這些不確定的變數，為所謂命運帶來神秘的色彩，而人們總是迫不及待的，想要突破探知自己今後的命運軌跡；算命或命理學，無異為大家提供了廣闊的精神市場。

　　算命自隋唐時期開啟先河，早已在華人社會文化底層落地生根；直到現在，算命市場依然承襲著這個文化，至於將來的發展，老沈認為它還是源遠流長。因為當社會生活步調越快，不可測的因素就越多，算命不只是提供了個人命運軌跡的分析，更大的作用，它還可以是心理諮商的一種良好工具。

　　富燒香，窮算命！老沈就回答到此，謝謝葉先生頗富深度的提問！

三百六十九、鼻樑年壽外側兩顆痣之痣相休咎

問：沈老師晚上好，請問鼻樑年壽外側兩顆痣，這痣相休咎要如何解讀它？謝謝釋疑！

答：面無善痣，鼻樑痣尤甚；無痣者恭喜，有痣者自惕乎！
　　鼻樑年壽外側雙痣，男女解讀殊異，不一而足，以下是老沈的分析說明：

一、鼻樑外側是肝膽穴位，鼻樑年壽外側多痣偏小，不論男女，都可以朝肝膽囊結石作推論，精準度不低。

二、鼻樑主脊椎，如果雙痣壓鼻骨，男女生都主脊椎酸痛，女生則是要多一項病症，即子宮卵巢曾發生病變，流年45至50歲會因病變摘除子宮卵巢，倘若人中左右又長痣，機率則近於一。

三、男生雙痣壓鼻外骨，會因色損業，故中年事業遇阻，要翻身
　　難上加難，這不是危言聳聽，因為有物有則，物則相應，別
　　不信邪。

四、女生雙痣壓到年壽外側之鼻樑骨，一生中婚情重挫一次以
　　上；又，鼻主夫星，故其流年41至50歲，先生事業見衰，其
　　中以44及45歲尤最，這論則的可信度不容懷疑。

五、以上的論點是否成立，回頭看看小孩的額頭，便能一窺究
　　竟。

以上回覆許小姐，但願棧上朋友都沒有這般的痣相。謝謝大家賞
讀！

三百七十、眼袋淚堂浮腫是腎臟與
婦科疾病之外徵

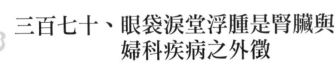

問：請問，眼睛下面眼袋淚堂浮腫，是病相嗎？屬於那方面的病徵？

答：中醫謂：「有諸內必形諸於外。」眼袋浮腫，是腎臟與婦科方面
　　病症之外徵。

眼睛淚堂是為心腎穴所在，心主火，腎主水，心腎臟腑運作正
常，淚堂氣色明亮，眼袋平整不會鼓起；倘若眼袋偏青偏暗淚堂浮
腫，意味心腎失焦，主腎氣不足。舉例來說：

一、連續熬夜者，虛火旺，氣虛且腎水不足，首當其衝的反射點
　　在眼睛，白眼球會浮現血絲，同時眼袋會微微浮腫。

二、老人家夜裡頻尿，主腎氣不足，他們的眼袋漸漸浮腫。

三、腎臟病、腎臟發炎病患，除了手腳會水腫，眼袋則是會出現

　明顯的浮腫現象。

四、男生腎氣不足，在生理的反應是，牙齦腫痛，口乾舌燥，心
　　懸如饑餓一般。

五、女生懷孕初期，眼袋會微微浮腫，這是害喜的眼相。故不以
　　病論。

六、女生戀愛失敗，痛不欲生，眼睛哭紅了，眼袋隨之會出現浮
　　腫，這浮腫眼相是因情緒引起的，這也不能以病作論。

以上簡單回覆陳先生，謹供參考。謝謝！

三百七十一、眉痣與眉痘豈是發財的符號？

問：某一電視面相節目裡頭，某老師說：草叢藏珠之眉毛痣，是發財
　　痣，又說，眉毛長痘痘也是發財的痘相。請問此說為真嗎？

答：老沈知道，這電視節目叫《命運○好玩》，這位年輕面相老師說
　　得對與不對，真與偽，老沈就不予置評。

　　有關眉毛與錢財的關係，相書文獻記載，重點都擺在眉形的解
讀。如眉疏不聚財、眉聚財聚、眉散財散等。

　　也許是老沈孤陋寡聞，未曾見過古相書把眉痣或眉痘視為發財運
的符號；且我也無從知道，節目中這位面相老師的論法，出自何處。

　　倒是蘇先生這個提問，就在前些時候，曾有位國外面相名家與老
沈討論過這一問題，結果我們兩人一致的看法是，把眉痣與眉痘說成
是發財的好符號，未免太過牽強了。

　　相術自古以來就是神秘文化的一支，既是古神秘文化，自當有人
云亦云的成分夾雜其中，這也見怪不怪。

　　至於，電視傳媒有關手面相節目，是熱鬧有餘，只要收視率不差，節目最後總都會來個「以上言論並不代表本台立場」跑馬字幕！

　　眉毛痣痘是否為發財運的相，這論點真與偽，就留給大家思考去吧！

三百七十二、木行人皮膚黝黑是為水多漂木

問：請問，木行人皮膚黝黑土黃該怎麼辦呢？有請沈老師釋疑，謝謝您！

答：這是2021年遠在海外天邊，棧友的第一則提問，言簡意賅，問短意深，卻是面相答客問少見的重點問題。

　　提問說，木行人皮膚黝黑土黃該怎麼辦呢？這裡所指的木行人，就面相五行形相應該是長得高瘦的人，高瘦的木行人膚色主青是為本色，膚色見紅為火色，是為木火通明氣色，可少年得志，若膚色為白色，是為金雕木琢，主大器晚成，發貴發旺在35歲以後。

　　黑色主水，雖說水能生木，但是如果木行人的膚色黝黑色，是為水多漂木之相格，主懶散。換言之，水多漂木之木，是為軟木，也稱灌木，灌木不成材，所以這樣的相格者，生性依賴，沒有主見，吃不了苦，隨波逐流，難以獨撐大局，只能為小，不能擔當重任。

　　另外，木行人的膚色土黃，是為木剋土，土主脾胃，故這種相局者，主腸胃宿疾，生性固執不化，離群傲世，獨來獨往，一生勞碌乏財，此為其生活寫照。

　　問：該怎麼辦？老沈只能按驗證案例的心得說：勤運動，多讀書，有空多曬太陽，才能改變自己，也改變命運！

2021年，敬祝遠在海外天邊的李小姐，新年快樂，心想事成！謝謝妳新年第一問！

三百七十三、當陽十三部位之解讀

問：請問，面相所謂的十三部位指的是那些部位？何以十三部位是相中之重。懇請釋疑，謝謝沈老師！

答：這道問題滿富挑戰性的，提問者蔡先生應該是位面相研究者，才會提出如此雖冷門卻很深入的問題。

十三部位，又謂「當陽十三部位」，共掌管面相一百二十三部位之總管也。

中國相術家將人的面部自髮際中線，直劃至下地頦為止，謂之為「子午線」。再由子午線由上至下，共劃分為十三個部位，分別為：一天中、二天庭、三司空、四中正、五印堂、六山根、七年上、八壽上、九準頭、十人中、十一水星、十二承漿、十三地閣。

這十三部位五個部位在上停，四個部位在中停，另外四個部位在下停。因十三部位位居臉面的直線縱帶區，主導著其他各橫列部位的休咎。

從當陽十三部位可據以測斷其人賢愚、善惡、命運及疾厄；當陽十三部位完美無瑕疵者，一生平順顯達，衣食不缺，生心兩怡，是富貴之人。

反之，當陽十三部位破陷者，必會影響面相一百二十部位的其他橫列流年運程。

又，如果當陽其一部位相理不佳，還會波及上下左右的部位流

年，舉例說明，倘印堂破陷自刑流年是28歲，上傷25歲中正，左右害31、32歲彩霞、繁霞，下剋41歲山根。職是之故，當陽十三部位破陷越多，命運越是多舛，除影響自己，也會傷剋六親於無形。

當陽縱帶區不僅重骨形相，還要將斑、紋、痣、痘、痕納入觀察，哪個部位失陷者，哪個流年所至，恐是非損即剋，難得平順，十三部位的重要性，可見一斑。

面相棧有問必答，老沈面相大公開；謝謝蔡先生給的好題材！

三百七十四、十字面相法臉型與個性的對照

問：請問，什麼是「十字面相法」？可以請老師分別說明嗎？謝謝！

答：「十字面相法」是古代相術家，用十個字代表十種臉的外形，並據以觀察其人的個性。簡單的說，就是臉型與個性的對照方法。

十字面相法就容老沈說明如下：

一、圓字臉：滿臉圓圓胖胖，明朗快樂。

二、田字臉：臉部呈方闊，個性堅毅。

三、由字臉：下停發達的鵝蛋臉，堅忍不拔。

四、風字臉：臉部表皮鬆弛，缺乏進取心。

五、用字臉：左右臉頰不對稱，不夠穩重。

六、目字臉：臉型長方，刻苦耐勞，不服輸。

七、同字臉：下顎腮骨發達，呈四角臉型，聰敏靈巧。

八、王字臉：顴骨橫張，勇於任事，敢作敢為。

九、甲字臉：額寬下巴尖，思考縝密，卻缺乏行動力。

十、申字臉：顴骨外突，下巴尖削，自視過高，任性衝動。

　　十字面相法是面相輪廓外形的分類，並據以推斷個性的一種簡易方法。至於，要如何再深入面相內在精神層面之氣性才能，光憑十字面相法是無法探究其全貌的。

　　以上回覆呂先生的提問，謝謝！

三百七十五、木形人的解說分析

問：可以請老師說明木形人的特徵、特質、聲音、生剋與忌諱嗎？感謝您！

答：老沈猜想，這是對面相有一定深度研究者，才會提問五形行論相的問題。

　　五形又稱五行，老沈依序按木、火、土、金、水形人各別回答。

　　木形人的解說分析如下：

一、就外徵來說

　　木形人眉髮疏秀、頭隆額聳、身瘦修長，腰桿挺直，下身搖擺、重心仍穩，眼分黑白、鼻長露節、耳瘦見廓、天（輪）大地（輪）小、面色蒼青、喉結外見。

二、就聲音來說

　　木形人聲音：音脆而實、嘹揚高暢。

三、就特質來說

　　發跡較遲，個性嚴正，耿直不阿，不愛慕虛榮，不操權弄術，但

易流為固執已見。

四，就生剋來說

1. 木形帶火，木火相生，又為木火通明，好壞參半，有成就但易生勞怨，具固執個性。
2. 木形帶土，是為木土相制而相化，為中等富貴，少有疾病災難，惟個性上有好逸惡勞傾向。
3. 木帶金形，為金雕木斲，中年成器，帶重金者，謂「金木相剋」，一生窮途潦倒不閑。
4. 木帶水形，為水資相通水能生木，生意盎然，水不宜多，水多飄木，反是少小離鄉，一生不發。

五、就忌諱來說

1. 禿頭露頂、色枯浮薄。
2. 膚色土黃或赤金紅。
3. 行時腳跟浮鬆離地。
4. 坐時身震腳搖。
5. 骨重肉肥、神氣混濁。
6. 最忌於秋季。

以上是木形人的解說，下篇繼續解說火形人的特徵與特質等。

三百七十六、火形人的解說分析

問：可以請老師說明火形人的特徵、特質、聲音、生剋與忌諱嗎？感
謝您！

答：火形人的解說分析如下：

一、就外徵來說

額尖骨露、上闊下尖、筋骨俱露，面色紅活、睛露神強、眉髮白
黃、鼻樑起節，唇口掀露，耳孔翻張，尖長且硬。

二、就聲音來說

焦烈急躁、如炎烈烈。

三、就特質來說

積極進取，發達頗早，性情急躁易衝動，喜怒哀樂表現非常強
烈，動作迅速，但無耐性，且不知謙讓，易走極端。

四、就生剋來說

1.火形帶木，木能生火，雖為人勞碌，可小富小貴。

2.火形帶土，相生不化，富多於貴，性格小氣浮亂，不夠大方穩
定。

3.火形帶金，是為火爍金毀，雖富貴卻多驚險，多成多敗，有放
縱自己之性格。

4.火形帶水，水能剋火，是為水火不交，主挫折失敗，疾病損
壽。

五、就忌諱來說

1.膚色白皙、髮鬚濃密。

2.臀鼓腹圓、鼻扁而小。

3.眼圓口大、音濁緩滯。

4.最忌於冬季。

以上是火形人的解說，下篇繼續解說土形人的特徵與特質等。

三百七十七、土形人的解說分析

問：可以請老師說明土形人的特徵、特質、聲音、生剋與忌諱嗎？感
謝您！

答：土形人的解說分析如下：

一、就外徵來說

土形人頭圓面大，枕骨平實，體裁肥厚，骨大肉硬，項短肩平、
背部隆起，面色金黃，耳朵肥厚，鼻子圓大。

二、就聲音來說

土形人聲音如甕，說話緩慢，吐字不清，語調平平，音頻不會有
很大起伏。

三、就特質來說

土形人最大特質，動作緩慢，個性沉穩，包容力與抗壓力優於一
般形行人；一生無病無災，且天生無懼不憂，最能知足長樂，以誠信
為重。

四，就生剋來説

1. 土形人宜長喜，喜能帶火，臉色紅潤，因微火能生土，土氣不寒，故能萬物滋生，欣欣向榮。

2. 土形人不宜急躁，不宜生怒，急躁與生怒都屬火，火氣過重，火重則焦土，成事不足，敗事有餘。

3. 土形人膚色不宜青，不宜鬚多濃亂，骨露筋浮，是為木剋土受制相犯，土崩多敗，且多病不利。

4. 土形人膚色微白，是為土金相生相化，個性稍帶孤僻與自恃，但能擁得盛名貴氣。

5. 土形人不可過胖或過黑，是為土剋水不化，主健康不佳，生性慵懶，勞多獲少。

五、就忌諱來説

1. 骨細肉薄、骨露神露。
2. 聲昏音細、言談急激。
3. 步輕腳浮、坐不穩定。
4. 肩削腰瘦、臀細肚小。
5. 背薄身輕、四肢常動。
6. 最忌春季。

以上是土形人的解說，下篇繼續解說金形人的特徵與特質等。

三百七十八、金形人的解説分析

問：可以請老師說明金形人的特徵、特質、聲音、生剋與忌諱嗎？感謝您！

答：金形人的解說分析如下：

一、就外徵來說

頭圓面方、鬚髭不密、齒白唇紅、顴骨突起、三停勻稱，骨肉調勻、背寬腹圓、胸平有肉、膚色白皙，耳白過面。子午相應。

二、就聲音來說

聲韻清亮、嘹遠和潤。

三、就特質來說

頗具才華，很重義氣，正直不阿，守法不踰矩，精明剛強，堅決實在，耐力特強，個性在革。

四，就生剋來說

1. 金形帶木，為剋化為用，富貴多祿，子孝孫賢，性拘謹而多勞。
2. 金形帶火，為火剋金，火輕無患，煉金成器，須勞碌而得富貴；火重必災，性剛不易妥協，促壽而多困。
3. 金形帶土，因土生金相生而化，為人持重，衣足不缺，但也有小成小敗的際遇。
4. 金形帶水，雖能成功但有挫折，雖能成富但消耗也大。

五、就忌諱來說

1. 聲音沙啞、膚色赤紅。

2.毛髮粗糙（亂）、脖長身瘦。

3.行飄搖浮擺、腳跟浮離。

4.最忌夏季。

以上是金形人的解說，下篇繼續解說水形人的特徵與特質等。

三百七十九、水形人的解說分析

問：可以請老師說明水形人的特徵、特質、聲音、生剋與忌諱嗎？感謝您！

答：水形人的解說分析如下：

一、就外徵來說

面圓氣浮，面闊而厚，眉髮粗濃、筋骨內藏，飽滿渾圓，圓而不肥，唇厚頰滿，眼大口闊，指尖圓滑，耳厚貼腦，色黑或白而有光，氣舒神穩。

二、就聲音來說

圓潤而滑、語急而暢。

三、就特質來說

圓通多智，隨遇而安，人緣極佳，沉潛內斂，很懂自我保護。

四、就生剋來說

1.水形帶木，水木相生而化，事業有成，任勞任怨，易偏才自用。

2.水形帶火，有成有敗，火性只要不過旺，皆無大礙。

3.水形帶金，水得金生，名利雙收，柔中有剛，做事果決。

4.水形帶土，土水相剋，最忌土重；土重者，疾苦連年，終身蹇困。

五、就忌諱來說

1.骨露肉削、臀平腹扁。

2.皮粗肉冷、皮白如粉。

3.色紅無鬚、眼小口細。

4.氣沉音啞、言行急躁。

5.最忌農曆三、六、九月。

以上五形行相法，老沈連續以五個篇幅回應於優秀門生方先生。蓋，五形論相是相學中較為高階的一環，易懂難精，惟有多觀察，多驗證，方能見樹又見林。精準的區分出五形行的態樣與處世方針、策略與態度。

三百八十、面相五形行的補泄運用大要

問：請問老師，可以試說明面相五形行的補泄運用大要嗎？懇請釋疑，謝謝！

答：問得好！問得深入，有關面相五形行的少補多泄之運用大要，老沈摘錄拙著《面相解密》其中內容回應如下：

陰陽五行家認為，陰陽既相互對立又相互依存，應當保持均衡；否則，陰極則陽生，陽極則陰生，這是宇宙生生不息的常理常規。

　　剛柔之間的關係也是如此。所以《易經·繫辭》云：「剛柔相催，而變在其中矣。」因此相學家認為，觀人看相，必須先察其本性，作為原始論據。

　　如果，面相五行中的某一形行不足，則就其他部位加以補充或彌補；形有餘，則就其他部位加以損減或削弱，這就是「剛柔相濟，截長補短」之運用。

　　舉例說，如果眼睛的形或神欠佳，而耳朵的神形卻俱佳，那麼耳朵的佳相就能夠彌補眼睛的不佳；如果顴骨過高，而鼻子之隆可以克服顴骨的陽剛太盛，這就是「泄」。

　　相家云：「不足用補，有餘用泄」，是告誡人們，看相識人要樹立總體觀念，運用五行生剋原理，從總體上全面地把握對象，不僅可以見樹木，而且還能見林，整體全面掌握，不會以偏概全。

　　論相解惑，可以運用「不足用補」，或「有餘用泄」，惟在補補泄泄之餘，必須遵循事物盈虛消長的原理，即陰陽均衡、剛柔相濟、五行生剋的規律，因為這一切均「與命相通」。換言之，「不足用補」就是強化個人德行的修持功夫，以仁、義、禮、智、信內五行之五常，彌補外五形的不足；或者說，得外五形之體，還得要有內五行相互輔佐，才能發揮其行形的特質與功能。否則，僅具外五形之體，沒有內五行之德行修為，雖能有所鴻圖發展，終是不能維持得長長久久。

　　以上再次回應門生方先生的提問！

三百八十一、黑眼珠偏大或偏小的差異性

問：請問，黑眼珠偏大或偏小，在面相的解讀有何差異性？願聞其詳，謝謝沈老師！

答：黑眼珠偏大或偏小，在面相的解讀是有其差異性。

一、眼珠大

　　一般而言，黑黑珠大膽子亦大，眼珠大而有神者，膽識過人，野心慾望大，能成就一番事業，是為奸雄之眼相；又，眼珠主水，水主財，主感性，因此，眼大有神者財運豐沛，為人講理重情感，所以能有一番成就。惟眼大無神者，是為敗退之眼相，倘瞳孔偏大，則是健康出現了問題。

二、眼珠小

　　黑眼珠小膽量小，做事保守不前，但不可否認的，黑眼珠小者，極為聰明冷靜，心思細密，易不滿現狀，故做事偏極端。又，黑眼珠小者，常見於三白眼或四方白眼者，多數相書說，眼睛上白見刑，下白見奸，眼四白見凶剋。因此，眼睛多白珠睛偏小者，是天生讀書料子，但婚姻情感不美好，與子女緣薄，且流年明九暗九，最易遭受安全意外事件。

　　以上回覆雲端賴小妹，謝謝妳的提問，祝習相有成！

三百八十二、下巴飽滿子女出息孝順

問：請問，面相看論子女是否有出息又孝順，除了地閣下巴外，還可以從哪些部位一窺究竟？謝謝！

答：就面相看論子女成就與孝順，不外以地閣下巴為首要。但面相看論子女能否有出息又孝順父母，是還有幾個部位可以作參數。

一、眼睛下面之淚堂，淚堂是子女宮，這部位如明潤寬平，子女相對健康有出息，如果淚堂氣暗凹陷，子女幼年多病，長大後多數出外求學工作，建立家庭不在身旁；倘若淚堂蠹肉高厚，或皺紋沖破，不利子女，子女多波不孝。

二、下眼袋氣色黃明瑩亮，懷胎容易，子女成材成器，出息孝順；反之，眼凹氣暗，懷胎不易或容易流產，或會收養螟蛉子，難享子孫承歡，是晚年孤獨之相。

三、淚堂出現向外三至四條之平斜紋，代表暗積陰德，為善不欲人知，所以子女遇災能逢凶化吉，有出息又孝順。

四、人中又稱子息宮，人中溝渠寬深且長，子女多且又孝順；人中直或橫紋劃破，或痕痣都是不利子女，與子女有代溝。

五、印堂是六親關係指標點，印堂寬正平整，子女成器孝順；印堂狹窄紋亂、痕破，子女運也會遭到不好的波及。

六、鼻樑挺直，所生子女有出息，反之鼻樑彎曲不正、結節，所生子女不可靠，如果下巴瘦削子女恐成不肖的敗家子。

七、眼睛是身心靈的所在，眼睛神足神和惠者，教子有方，子女成材成器；反之，眼睛呆癡無神者，子女多愚笨，難有成就。

以上回覆戴小姐的提問，這問題很具有啟發性，尤其第三、七項，看懂者智，看不懂者愚，老沈就不多言了！

三百八十三、面相神秘十字帶分析

問：請問沈老師，面相神秘十字帶要如何區劃？涵蓋哪些部位？神秘十字帶可以觀察哪些重要休咎？懇請您回覆賜教，謝謝！

答：面相神秘十字帶，是老沈自學面相數十年最後的歸納與創發，這個十字帶區隱藏無限生命的密碼，觀察十字帶可以快速的掌握命運的曲線，與一生重要的休咎對應。

神秘十字帶的劃分，分為子午線縱帶區，橫列線橫帶區，以各三指幅寬度劃出縱橫兩帶，形成臉上的十字帶區。

縱帶區涵蓋的部位依序是：天中、天庭、司空、中正、印堂、山根、年上、壽上、準頭、人中、水星、承漿、地閣，共計十三個部位。

橫帶區含概的部位是：左右眉毛、左右眼、印堂、奸門、山根。

這三指幅寬的十字帶區，可以觀察看論的有官祿宮、命宮、疾厄宮、財帛宮、子女宮，奴僕宮、福德宮、兄第宮、夫妻宮等。可見十字帶區隱藏著生命的神秘，它是面相之重要儀表板，因此，定名為「神秘十字帶」。

此外，舉凡財富、事業、投資、健康、厄運、婚情、六親等，都能從神秘十字帶快速又精準的一探究竟。

面相十字帶相理元素，除了五官骨、肉相，還要包括斑、紋、痣、痘、痕以及氣色，齊同看論，方能見樹又見林。

面相神秘十字帶屬高階論相技巧，如果能學以致用，運用在如財富、事業、投資、健康、厄運、婚情、六親等等之議題，將是面相技術的一大突破！

以上回覆棧上高手的提問，其他幾個大綱提問，容有空再依序個別說分曉。謝謝行家共鳴！

三百八十四、從神秘十字帶看論財富

問：請問，如何從面相神密秘十字帶看論財富？懇請老師解惑？謝謝！

答：從十字帶看論財富，這財富除了是物質的，也應該包括心理精神財富的層面。其看論部位如下：

一、印堂：印堂論財富首重氣色，氣色要明亮有光澤，主財富不虞匱乏；其次，看兩眉間距，印堂間距越寬，財富可以源遠流長。

二、鼻子：鼻子為財帛宮，鼻子高、寬、厚、實、正者，賺錢能力特強，財帛豐富，一生衣食不缺。當然，鼻子的氣色是現階段財富的指標，氣色越是螢亮，代表當下財富滾滾而來。

三、眉毛：論財富要與眉毛齊同搭看，所謂眉疏不聚財，因此眉毛要尾聚，同時眉毛色澤要有光彩，這兩個要件具備了，才不致於有常常被詐騙、財來財去的困擾與遺憾。

四、眼睛：看論眼睛有二，一是眉眼間距的眼瞼高，可享有祖產財富；二是眼睛得黑白分明與眼神神定神足，兩者具足可以名利雙收，這才是財富的重要外徵。

五、魚尾紋：魚尾紋旨在觀察能否享有配偶錢財，左右眼尾二至三條魚尾紋上揚者，可以得妻族那方之財富或遺產。

六、人中：人中看己身生活享受，人中寬深長正，可享自己努力的成果，同時也能獲得子女事業成就的精神與物質回饋。

七、嘴巴：嘴巴為水星，水星寬長開大者，晚年財富非但能守得住，還能開創財源，日進斗金。

八、地閣：下巴地閣開寬飽滿，晚年除了固定資產外，還享有包租收入，物質與精神條件高人一等，晚年不動產多多，財富佳好自不在話下。

以上是從神秘十字帶看論財富的分項解說，下一則答客問就來談事業。

三百八十五、從神秘十字帶看論事業

問：如何從面相神密秘十字帶看論事業？懇請老師解惑？謝謝！

答：事業是當下普羅大眾人人想要追求，與被肯定的主要目標。從十字帶看論事業，重點在骨相與眼神，其次是氣色，再者則是，斑、痕、痣、痘、紋等，違章建築符號之影響。

一、骨相

1.鼻骨高寬厚，直貫中正，天庭，是為玉柱骨，又稱「伏犀貫天中」高寬厚之骨相，主年少早發，中年事業亨通發達。

2.中年事業看鼻顴，鼻子高寬厚實隆起，顴骨高突，意味賺錢能力好，但如果鼻子歪曲不正，鼻樑見節、伏吟或反吟，則是敗業之鼻骨相。

3.眉稜骨微起，是事業的經營上的一股動力與意志力，反之眉稜骨塌，光說不練，很難成就大事業。

4.晚年事業在地閣骨，地閣下巴寬大飽滿，晚運昌榮。反之則否。

5.印堂雖講求寬闊平整，如果山根印堂高厚，印堂微高出兩眉骨，或與眉毛上之華蓋骨相連，具有這般印堂相者，事業是天生贏家。

二、眼睛

1. 從眼睛看論事業，就的從眼睛之形、神、氣著手，缺一不可。

2. 事業有成就者，多半眼形成扁細長；倘眼睛過於圓大或短圓，沉不住氣又缺乏長遠眼光，以事業挫敗見常。

3. 相書說：眼有一分神，便有一分事業；眼有十分神，便有十分事葉。因此，眼神明亮神足、神定才是事業的重要關鍵所在。

4. 眼氣是整個眼睛上下眼瞼，要如蛋清散發清朗瑩光之氣，主精力充沛，眼氣清者事業順利，反之則否。

三、氣色

1. 相書說：氣色主一時休咎。神秘十字帶區氣色宜亮不宜晦，氣量者事業當旺，氣暗者事業下滑。

2. 十字帶區氣色的看論以六曜星為主，所謂「六曜星」指的是印堂紫氣星，兩眉羅侯與計都星，兩眼太陽與太陰星，再加上鼻子月孛星。

3. 星明亮時會照耀整個臉龐明潤紫亮，如抹上油脂般的透亮。主事業如日正當中，若六曜星黯然失色，象徵事業遇阻。

四、斑、痕、痣、痘、紋

1. 臉上的斑、痕、痣、痘、紋，統稱違章建築，這些符號如長在十帶之縱帶區上，對事業的負項影響很大。

2. 痕傷在額頭年少事業不興；痕在印堂一生多波事業少成；痕在鼻子中年事業遇劫損，傷痕在人中、嘴唇、下巴，邁入晚年事業多阻；傷痕在眉毛事業與錢財雙殺。痕傷傷及表皮可減半論之，若傷及骨頭負向力道趨大。

3. 痣相論法約略與痕傷同論，惟一不同者在於印堂，痣在印堂者，從事獨立研究，或走上非科層組織之行業，如五術宗教，反能異路功名。

4.十字帶長痘，意表一時性的是非爭鬥，對事業影響不大，但通常是小傷害與損財了事。

5.十字帶紋路解讀宜區分上中下停，額頭亂紋如飛雁紋、斷續橫紋，年少沒事業可言；額頭如二至四條平齊不亂不斷之紋，主年少不發發在中年，是白手起家的紋相；紋路長在印堂、山根、鼻樑，主事業多阻礙。

6.臉上斑要區分先天與後天兩種，又要區分是當陽斑或眉眼斑；就事業而言，後天斑影響大於先天斑，縱線當陽的斑傷剋大於眉眼斑。

以上是神秘十字帶看論事業的回應，投資也適用本分析法則，謝謝！

三百八十六、從神秘十字帶看論健康

問：如何從面相神秘十字帶看論健康？懇請老師解惑？謝謝！

答：醫相同源，臉上會透露健康的訊息，十字帶是五臟六腑的運作中心的儀表板，因此，大部分的健康警訊，會反射在十字帶儀表上。

從神秘十字帶看論健康，可歸納說明如下：

一、額頭髮尖沖向印堂，或痕傷及骨，年輕會患有偏頭痛。

二、以印堂看論健康

1.印堂經常赤紅，是高血壓的外徵。

2.印堂直紋如懸針，或直雜紋，是心血管疾病的符號。

3.印堂長痣示意曾經扁桃腺腫大，支氣管偏弱，中晚年會出現乾咳暗疾。

4.女生印堂痘痘主生理期，亦表體質虛寒；男生則主勞累過度，心火虛旺。

5.印堂偏窄多數以肺功能之支氣管偏弱見常。

三、以眉毛看論健康

1.眉毛前頭是為肺腑，眉毛侵入印堂，或兩眉相交，表示肺功能偏弱，會久咳不癒，如果印堂長痣或多條橫細紋，症況更趨明顯。

2.眉毛尾端主肝穴，眉尾稀疏，眉尾散亂者，肝功能運作異常，是為因病促壽之相。

3.按小人相法，眉毛為手臂之對穴部位，眉長痣則手會因傷而酸痛麻。

4.痣在眉頭主肩膀，痣在眉中主手肘，痣在眉尾主手腕。

四、以山根看論健康

1.山根出現橫紋，示意血管硬化、心臟血管彎曲或阻塞。

2.倘若山根偏窄或低陷，中年後心藏病變隨時會發生。

3.山根長痣是先天心臟病疾病變的外徵。

五、以眼睛辨識健康

1.珠睛過白無光澤是為貧血症。

2.珠睛青黃是為肝炎。

3.珠睛乾澀主腎虛，珠睛含水男主腎虧女主子宮卵巢發炎。

4.白眼球痣或淤青點為內傷。

5.眼白底部褐黃是糖尿病的外徵。

6.眼瞼與龍宮長痣痘，主胃腸宿疾。

7.上下眼瞼凹陷主內分泌失調，氣色青黯主過敏體質，女生則為婦科暗疾。

8.上下眼瞼長顆粒小疣，是膽固醇過高的外顯；如果疣如玉米胚子者，則是血脂過多的表徵。

9.眼珠突出病徵有二，一是甲狀腺腫大，二為腦腫瘤。

10.眼袋浮腫意味腎氣不足與水腫。

六、以鼻子看論健康

1.鼻子為五臟六腑運作中心，鼻樑大先天體質好，鼻低扁先天體質不佳。

2.山根對穴是心臟，山根寬高心臟運作功能好，山根低陷或狹窄，心臟功能差，中晚年血管容易因阻塞引發心血管病變，嚴重須做支架或心血管繞道手術。

3.山根長痣代表心臟功能異常。

4.鼻樑見節或長痣，是痔瘡的表徵。

5.鼻樑痣意味脊椎曾經病變，會經常性脊椎酸痛。

6.女生鼻樑長痣是子宮曾經病變的表徵，痣多顆或上嘴唇也有痣，更年期前會引發子宮卵巢肌瘤炎。

7.鼻樑彎曲不正，是脊椎側彎之外顯。

8.鼻樑壽上出現橫紋，表示坐骨神經痛或骨刺的外徵。

9.鼻樑外側多顆小痣，或年壽出現斜外紋，主膽囊結石，結石當下年壽氣色偏青。

10.鼻樑年壽出現蟹爪紋是為肝硬化之疾證。

11.鼻子凹陷偏短脊椎骨質不健康，中晚年因骨質疏鬆提早退化而脊椎酸痛。

12.鼻準小鼻翼薄，腸胃壁薄，易患腸胃痼疾，晚年以腸胃潰瘍出血見常。

13.鼻準圓特大，腸胃壁厚，邁入晚年易患腸胃瘜肉腫瘤或癌症。

14.鼻準痣意味小時腸胃曾經病變，晚年宿疾在腸胃。

15.鼻中膈凹陷者，先天性腸胃功能異常。

16.鼻中膈痣是性功能障礙的表徵，痘痘則主當下縱慾過度。

17.蘭台庭蔚薄且孔灶仰露朝天，示意肺功能偏弱。

18.鼻翼外側靠近勾陳部位長痣，是支氣管弱且常會咳痰之外徵。

19.女生鼻翼偏窄胸乳偏大，膚色白皙，是乳癌高風險一族。

20.胸部撞傷出血，鼻樑年壽會出現黑氣色。

21.鼻準出現如黑雲氣色，是腸胃潰瘍與出血的外顯。

七、以人中看論健康

1.人中短淺主生殖系統發育不完全，女生不孕見常。

2.人中偏斜是脊椎尾端異位的外徵，主脊椎酸痛；女生又主子宮後曲，生理期紊亂。

3.男生人中長痘主腎臟虛熱；女生主生理期月經來潮，如更年期出現痘痘，是子宮卵巢發炎的疾證。

4.人中及其周圍長痣，意味生殖系統曾經病變，女生更年期前以子宮卵巢發炎見常。

八、以嘴唇看論健康

1.嘴唇緊繃唇上無直紋，是為生殖系統發育不健全的外徵；女生主生育功能不足不易受孕。

2.嘴唇一時氣色慘白主中暑、脫水，如長期色白主貧血。

3.女生嘴唇唇線不明顯，嘴唇周圍如白雲繞口，主婦科暗疾嚴重，是子宮糜爛的外徵。

4.嘴唇氣色紫墨，主腸胃潰瘍、出血。

5.嘴唇氣色暗沉，常見疾症在貧血或血液循環不好。

6.嘴唇氣色鮮紅，是為心火虛旺的表徵，高血壓或心臟病者見

常。

　以上是神秘十字帶看論健康的回應，純經驗談，謹供參考，謝謝！

三百八十七、從神秘十字帶看論厄運

問：如何從面相神秘十字帶看論厄運？懇請老師解惑？謝謝！

答：面相十字帶位處臉部中央，其人一生的福禍吉凶，與其可能之災厄，盡寫在神秘十字帶上。因此，本節的重點旨在於察顏觀色，知悉己身或周遭親朋好友厄運福凶所在，導引趨吉避凶，達到人人安和樂利的人生。

　　從十字帶看可能災厄，依序從下列幾個方向著手：

一、中正與印堂部位出現黯黑氣色，俗稱「烏雲罩頂」，是災厄的訊號。

二、印堂赤紅，鼻樑泛青，是官非訴訟失敗的外顯。

三、羅睺、計都兩紋其一侵入印堂，是官非訴訟的符號，一生中至少官訟一次，且以敗訴收場；若是公務人員，則是為長官背負黑鍋的表徵。

四、羅睺、計都同時出現紋或痣痕，這是被損財倒債的相理；若鼻子或顴骨同時有破顴紋、黑痣、傷痕，這是中年牢獄災厄的符號。

五、山根長痣、痕，同時若鼻樑或顴骨存在痣、痕，主官司纏訟不休。

六、山根低陷，鼻樑不正、結節起伏，最易出現意外事故，是否

能平安無事，則要配合眼睛形、神、氣齊論之。

七、眼睛藏厄運，從眼睛斷厄運，有下列幾端者是為意外凶相：

1.眼睛一大一小，眼形不對稱。

2.眼神漂漫不定，或喜於斜視、扮鬥雞眼。

3.眼神強銳或睜露。

4.眼睛吊眼白呈三白眼或四方白眼。

5.眼神黯濁乏神且睜露，是輕生的眼相。

6.眼睛黑珠金沙色，呈車輪狀線條。

7.眼球紅血絲貫穿睛瞳，

8.眼睛布滿血絲，畏懼陽光。

八、有以上眼相者，流年明九之歲如：19、29、39、49、59、69、79，暗九之歲如：18、27、36、45、54、63、72、81等，最易發生意外災罹事故。

以上是從神秘十字帶看論災厄的回覆。謝謝！

三百八十八、從神秘十字帶看論男女婚情

問：如何從面相神秘十字帶看論男女婚情？懇請老師解惑？謝謝！

答：男女婚情穩固，是家庭與事業經營的首要，但在當下情況，分期多偶、多偶分期潮流影響下，更能驗證相書所指的，男女情感穩定與不穩定，豔遇或桃花劫；而這些男女情感問題，清清楚楚，就寫在神秘十字帶上。

從神秘十字帶看論男女婚情，其看論重點與要領臚列如下：

一、額頭當陽受傷、美人尖、髮際不平整者，不宜早婚，早婚婚

　　情不美，能挨過28歲後且不與長輩同個屋簷下，才能漸趨穩
　　定。

二、女生額頭過於高寬突凸且亮麗，相稱「照夫鏡」，夫妻會因
　　爭吵不休而埋下離婚的種子。

三、印堂是十字帶交匯部位，印堂痕疤意味配偶事業與情緒不穩
　　定，會傷及婚情。

四、印堂痣主情敵爭寵，是雙龍搶珠，或雙鳳搶珠痣相。

五、眉毛痕斷、稀疏散亂、尾端不聚，流年31至34歲婚情不穩；
　　眼神佳好傷害可以減半，反之，會更加傷害婚情。

六、女生無眉夫必憎，婚情不蜜；女生眉毛過於濃密，主妻管
　　嚴，對婚情就是傷害。男生眉毛烏黑如黑金，老婆難守貞
　　節。

七、眼睛有下列相理，婚姻不穩定，離婚率偏高：
　　1.眼睛一大一小，眼形不對稱。
　　2.眼神漂漫不定、鬥雞眼或喜於斜視。
　　3.眼神強銳或睜露。
　　4.眼睛吊眼白呈三白眼或四方白眼。
　　5.眼神黑白不分、黯濁乏神。
　　6.眼睛黑珠金沙色，呈車輪狀線條。
　　7.白眼球長痣，眼睛布滿血絲。
　　8.眼尾下長痣，主多地下暗情。

八、眼尾奸門解析：
　　1.魚尾紋亂，用情不專一。
　　2.橫向魚尾紋特長，對配偶苛刻，對異性第三者會特獻殷
　　　勤。
　　3.奸門嫣紅主正向戀情，喜事將近；奸門泛青是桃花濫情，
　　　男女同論。
　　4.奸門夫妻宮凹陷或疤痕、夫妻因小隙生嫌不和睦。

    5.奸門痣或痘主桃花豔遇，痣痘在左是為主動桃花，在右為
      被動桃花。

九、山根長痣所交異性不一而足，女生得會重披彩霞。

十、鼻樑年壽長痣，男主用情不專，會因色損財或惹禍；女生則
    主重大情傷。

十一、嘴巴鬆弛不縮，女主濫情多偶，男主管不住紅杏出牆。

    就整體變遷影響下，未來男女婚情一夫一妻制度之藩籬，正面
臨嚴重考驗，但不論如何演變，桃花濫情的符號永遠存在這些人的臉
上。

    以上是從神秘十字帶看論男女婚情的回覆。請別對號入座，謝
謝！

三百八十九、從神秘十字帶看論六親

問：如何從面相神秘十字帶看論六親休咎？懇請老師解惑？謝謝！

答：面相可以從己身推論到六親休咎，這種推演方式稱為「外襲
    法」。

    神秘十字帶除了隱藏自己的命運符號，局部也暗藏著六親的福禍
休咎，老沈採正面探索與負面探索並列說明之。

一、額頭當陽

    1.額頭無紋、痣、痕，且額高寬凸者，推論父母中年運昌。
    2.額頭當陽惡紋、惡痣、惡痕者，或額低窄、髮尖沖印堂，可推

論父母婚姻、事業、健康等，三者至少兩者不利。

3.額頭氣色明亮、旺及父母、主父母婚姻、事業、健康無礙。

4.額頭氣色黯晦，不利父母、主父母婚姻、事業、健康多礙。

二、印堂

1.印堂寬闊無瑕疵，祖蔭積德，父母運好。

2.印堂狹窄，痕疤壓印堂，主祖蔭偏虧，父母運差。

3.印堂寬闊平整，配偶運勢及其心境佳好；氣明同論。

4.印堂狹窄，惡紋惡痕，惡痣壓印堂，配偶運勢多舛，心境難能平靜佳好。

三、眉毛

1.眉毛秀麗，兄弟手足出息，情感密合。

2.眉毛紊亂、稀梳、尾散，痣痕、眉斷，毛脫，高低眉等，可以推論手足事業、婚情、健康多阻礙。

四、眼睛

1.眼神神定、神亮、神足、神和惠，可以推論家庭和樂、父母有修養，家教好，父母中年運佳好等。

2.眼睛一大一小、睜露、無神、神漂、珠睛暗濁等，可推論父母情感不睦、事業不興、離異，文化水準低下。

五、鼻子

1.太太鼻子隆起，中年夫運興昌。先生鼻子隆起，家庭成員生心兩怡。反推論，子女額相無瑕疵；父母地閣飽滿，能安享晚年。

2.太太鼻子有痕、斑、紋、痣、痘、凹陷、歪斜等，夫運如逆水行舟；先生鼻子有痕、斑、紋、痣、痘、凹陷、歪斜等，家中

成員各個活如水火。反推論，子女額頭相理破陷，年輕多波；
父母地閣內縮、偏窄，或亂紋、惡痣、惡痕侵下巴，晚景堪
憂。

六、地閣

1. 父母地閣骨開飽滿，可以推論子女中年得利。
2. 反推論，子女額相無瑕疵；父母中年昌旺；子女中年昌旺，父
母地閣飽滿，無瑕疵，能安享晚年。
3. 父母地閣內縮、偏窄，或亂紋、惡痣、惡痕、黑氣侵下巴，可
以反推論，子女中停破陷，子女之事業、婚情、健康多災多
難。

以上是從神秘十字帶看論六親休咎的回覆。請對號入座，及早提
出最適應變方案，讓好的應驗並發揮到極大化效果，讓不好的自我省
思，提早預防減少傷害。謝謝！

三百九十、子宮肌瘤好發族群之符號

問：請問，女生子宮肌瘤好發族群，除了眼睛淚堂長痣外，還可以從
面相的哪些符號得到訊息？謝謝！

答：這是海外朋友提出的問題，有關女生子宮肌瘤好發族群，在面相
的訊息符號，除了眼睛淚堂臥蠶痣外，還可從下列部位作判讀：

一、女生鼻樑年壽長痣，是子宮卵巢曾經病變的印記，這樣的命
題，一顆就成立，二顆尤是。

二、女生人中或人中兩側仙庫長痣，也是生殖系統病變的符號。

三、鼻樑痣與仙庫痣具在，那麼婦科暗疾已至為明顯，子宮卵巢
　　肌瘤好發期約是落在更年期45至51歲前期間。

四、子宮卵巢病變當下，眼睛會發出訊號，就是眼珠含水量偏
　　多，另外眼袋淚堂氣色偏青黯。

五、肌瘤病發當下，耳朵內廓會出現砂粒小棘，且上嘴唇不時會
　　冒出痘痘，如果痘痘內有明顯如蛛網血絲，這是腫瘤惡化轉
　　變為癌症或稱惡性腫瘤的外徵。

醫相本是同源，相書與古醫籍說：有諸內必形諸於外，觀其外
可知其內。老沈並非從職中醫，但學習面相一路走來，因驗證母體數
量大，職是之故，上列論點與看法，雖南轅而不北轍，雖不中亦不遠
矣！

面相棧有問必答，老沈不保留的回應東北亞棧友的提問，同時，
願與大家分享，敬請參酌，並祈賜正為禱！

三百九十一、地閣下巴是晚運的重要主宰

問：請問，地閣下巴之左陂池右鵝鴨、左金縷右金縷、左歸來右歸來
　　其休咎與部位分別何在？

答：左陂池右鵝鴨、左金縷右金縷、左歸右歸來，分別位居承漿部
　　位橫列區兩側，該幾個部位流年依序是，左陂池64歲、右鵝鴨65
　　歲、左金縷66歲、右金縷67歲、左歸來68歲、右歸來69歲。

這幾些部位主要看論晚運，晚運指的是健康心情，奴僕子女，居
家安定、鄰居相處，還有財產支配能力等。

部位相理著重在下巴整體寬圓飽滿，骨肉相輔，鼻地閣骨朝仰，

氣色明亮，沒有斑、紋、痣、痘、痕等之違章符號，是為佳相，主晚年身心健康，部屬擁戴，子女孝順有成就，與鄰居為善，享有很好的物質生活條件。

　　承上反論，地閣下巴尖削不寬，閣骨內縮不朝，氣色黯晦不明，違章符號如斑、紋、痣、痘、痕等，其休咎推斷，得端看要以破陷相理多寡，而採負向遞減。

　　至於，這下停左右三個流年部位如何區別，我們可以法令紋、金縷紋作區隔。居法令紋尾外側是為金縷部位，金縷內側是為陂池鵝鴨，金縷外側則是歸來。

　　這些部位並非在當陽縱軸線上，但不可否認的、它對晚年運勢有著重要的主宰，我們不能忽略它的影響力！

　　以上回應海外朋友，謝謝您的提問，祈求賜正匡漏！

三百九十二、蘭台、廷尉外側之生理表徵

問：請問：沈老師相譜教學提到，鼻翼蘭台廷尉外側主肺穴，願聞其詳。謝謝！

答：謝謝遠方朋友的提問，這位朋友習相觀察入微，這提問老沈的回覆如下：

　　按中醫說法，鼻翼主胃，胃屬土，如果鼻翼蘭台廷尉肉薄不張，多數胃腸偏弱，因肺為金，當土弱則生不了金，故胃腸偏弱有潰瘍者，伴隨著會有乾咳的症狀存在。倘鼻翼豐隆肉鼓，土可以生金，相對肺功能運作佳好。

　　鼻翼蘭台廷尉內側為胃，此內側三分之二部位長痣，代表腸胃宿

疾；鼻翼外側三分之一部位含鼻翼勾陳，是為肺穴，該部位生痣者，則主肺支氣管不佳。

又、鼻子孔灶外露，鼻翼偏薄偏窄者，是為先天支氣管弱的表徵，晚年以多咳多痰見常。

以上是老沈的見解，供請參考，謝謝您！

三百九十三、牙齒鼻子與脊椎的對應關聯性

問：請問，牙齒、鼻子與脊椎的對應關聯性何在，可請沈老師說明？感謝不盡！

答：這是位雲端生林先生今晚的提問，這問題問得很好，除了豐富面相答客問內容，更重要的，這道提問可以讓大家明瞭，面相的科學性與因果關聯性。

牙齒為水星門戶，牙齒的著床與生長，與脊椎成正比，同時與鼻子互為因果關聯。三者的關係牽動著健康、個性、智慧，及其衍生之壽考、事業、婚姻。

容老沈分別舉例來說明：

一、鼻子形狀高、寬、厚、實、正，代表脊椎發育健全，反射在牙齒則是，牙齒著床正常，上下門牙齒粒大且整齊。這是健康的表徵，也是個性穩定不躁的外顯，所以能成就事業，享有高壽。

二、山根低陷反射在牙齒，則是齒密齒小，齒密齒小者，愛說話，愛生悶氣，口風不緊，沉不住氣，會傳播小道消息，對應於事業則是成就不高，健康中等。

三、山根低陷，鼻樑不起，意味脊椎骨容易疏鬆，牙齒跟著提早
　　衰退，如掉齒，牙齒鬆動，對應的是健康提早亮紅燈，事業
　　更是乏善可陳。

四、牙齒著床不佳，呈現鬼牙、暴牙、內攻牙，因三十二顆牙根
　　無法藉由咀嚼而正常刺激五臟穴位，健康提早滑落；其中，
　　以門牙無法刺激到百穴交匯之人中，因此腎氣不足導致全身
　　酸痛。相書說，沒健康沒事業，一語中的。

五、鬼牙、暴牙者，個性躁急，文化水準不高，愛說話，歪理多
　　於真理，常禍從口出，是為沒智慧之齒相，於是事業離他遙
　　遠，婚情不美。

六、又鬼牙、暴牙者，多數鼻子不堅實，相對的脊椎提早退化，
　　骨質提早疏鬆，因此無法享有退齡高壽。

　　以上是牙齒、鼻子與脊椎對應的關聯性，其然及其所以然之關聯
性說明，謝謝林先生提問，願與大家分享，還請相界名家賜正補漏！

三百九十四、女生割眼皮眼頭眼尾不相交之休咎

問：請問，女生割雙眼皮，但眼皮與眼頭、眼尾不相交會，這種眼瞼
　　相理其休咎如何解讀？謝謝！

答：美麗可以增加信心，微整型如割雙眼皮便是；如弄巧成拙，反為
　　不妙！

　　通常單眼皮的女生，才想會去割雙眼皮，但殊不知割了雙眼皮就
是破相；又，整型醫美者，對面相知識一知半解，當新割劃的眼皮前
不著眼頭，後不接眼尾，不能算是完美的微整型。

現在就以女生割出不完美的雙眼皮，來回答它對應的事咎：

一、眼皮單層者，生性冷靜，理性而不感性，但如果割劃了雙眼皮，個性反成感性不理性。

二、單眼皮的理性者，財務得以收支平衡；雙眼皮者因感性，購買慾會受到聲色光影環境的影響，一時興起，盡買些用不上的物品，或遭詐騙集團詭騙，所以經常寅支卯糧。

三、就男女婚情來說，眼瞼一經割劃，男女婚情來到流年37.38歲，就是一股無形的傷剋，尤其眼皮前不著眼頭，後不接眼尾，其傷害更大。

四、眼瞼是田宅宮位所在，眼皮多波者，好動待不住家。據此而推論，雙眼皮者要比單眼皮者，經常往外跑，在家坐不住。

五、眼瞼割破留痕者，居家屋頂牆壁會龜裂，如果外面下大雨，屋內便會下小雨。

六、更妙的，眼瞼有痣或眼瞼痕者，出國旅遊常會鬧出莞爾一笑的烏龍事件。

這則回覆所列事咎，純粹是以面相經驗與統計做為依據，它雖沒有百分之百的準確度，卻有極大的參考價值，信不信？遇上了你才能知道個箇中的玄奧！

三百九十五、論相與心理諮詢之差異

問：請問，論相與心理諮詢之差異？又，幫人論相要具備那些條件？本身須遵守那些原則，謝謝沈老師！

答：問得好，這問題老沈要點式回覆如下：

一、論相與心理諮詢（輔導）之差異

1. 論相是被論者不用開口，便可推論其問題所在，心理諮詢則否。
2. 論相可以快速提供解答予當事人，心理諮詢則需花時間與程序方可為之。
3. 論相可以居主動地位，心理諮詢則是被動地位。
4. 論相沒有後續的追蹤驗證與紀錄，心理諮詢則須記錄追蹤。
5. 論相可對實體之人也可以對照片，心理諮詢則是要面對當事人。
6. 論相諮詢一般常人居多，心理諮詢則是以有心理情緒問題者為對象。
7. 論相不須具備證照，略懂面相者都能為之，但因會被貼上江湖術士的標籤，往往不得其門而入；心理諮詢須專業知識與證照，較能取得輔導對象的信任。
8. 論相範圍較廣泛，舉凡父母、手足、配偶、子女等問題，都能從對象臉上找到部分的問題與答案；心理諮詢較受局限，不深談溝通便無法得知相關人之情況。

二、論相者具備之條件

1. 要有相當之人生閱歷。
2. 要有正確之人生觀。
3. 要有宗教哲學素養。

4.要有敏銳之觀察力。

5.要有口才表達能力。

6.要有輔導與心理建設能力。

7.要有善良的慈悲心，不可趁虛訛言。

三、論相應謹守與注意之事項

1.場合不對不論。

2.嘈雜地點不論。

3.人多無序不論。

4.對方酒色喜怒不論。

5.對方邪惡不正不論。

6.對方不問不論。

7.年邁老人不論。

8.僧侶教士不論。

9.大限將至不論。

10.孤男寡女不論。

11.居善意之第三者，不介入關係人是非紛爭。

12.端莊正經，不危言聳聽，點撥對方疑惑。

　　老沈沒設館擺硯，並非典型面相研究者，以上回覆純屬個人的看法，謹此提供提問者分享共勉！

三百九十六、七十五部位與九執流年法
之搭配運用

問：請問沈老師，面相七十五部位流年法與九執流年法，要如何搭配
運用？可以公開竅門要領嗎？非常期待！謝謝！

答：流年法是古相術家對面相學門，留下的偉大創舉，其中以七十五
部位流年法與九執流年法，廣被後人採用。

七十五部位每個部位主宰一個流年，部位定流年之方法是，從左
耳七流年，右耳七流年，共14個流年歲；上停額頭以火星15歲起算，
至右山林30歲為止，共16個流年歲；中停以左眉頭凌雲31歲起算，至
右鼻翼廷尉50歲為止，共20個流年歲；下停以人中51歲起算，至右腮
骨75歲為止，共15個流年歲。

七十五部位流年縱軸線是當陽十三部位，這十三個部位是七十五
部位流年重中之重，如果，當陽十三部位相理佳好，那麼它可以彌補
左右兩邊流年部位相理的不足之處。

舉例來說，鼻子年上44歲，壽上45歲相理好，但顴骨相理不佳，
年壽的好便可減低顴骨46、47歲的不吉；倘若年上壽上部位失陷不
好，顴骨也破相，那麼負面力道的影響，就豈是衰字了得。其餘，準
此類推。

至於九執流年法之運用，相術家認為人的流年運勢，每九年輪執
一次，九執流年的定位依序是：1.左眉、2.鼻子、3.水星（口）、4.左
耳、5.左眼、6.印堂、7.右眉、8.右眼、9.右耳等九個部位。

每個部位依排序輪流主導著一個年歲的運勢，當九個部位輪執
完後，周而復始，再從頭依序輪流。例如，左眉輪執數序是第一個，
所以從一歲起輪，以九年為一輪，因此左眉所輪執的歲數流年將會是
一、十、十九、廿八、卅七、四六、五五、六四、七三……；又如印
堂輪執數序是第六個，所以印堂是從六歲起輪，以九年為一輪，因此
印堂所輪執的歲數流年將會是六、十五、廿四、卅三、四二、五一、

六〇、六九……等。若輪執的左眉相理佳好，則其所輪執歲數流年如一、十、十九、廿八、卅七、四六、五五、六四、七三……，會較為順暢昌吉。反之如相理不佳，則所輪執歲數流年阻礙較多，是屬不好的流年，依此類推。

　　一般觀相者觀論流年，通常以七十五部位流年為主，而以九執流年為輔（如附表）。假設七十五流年之部位相理好，九執流年之部位相理也佳，兩個流年的部位相理都好，那麼該年歲的運勢是利多大於利空，應該是十分順遂的流年。反之，兩者流年的部位都不好，這個年歲便是一個不好的流年。

　　又，如果兩個流年的部位相理一好一壞，則是好壞相抵，這個年歲便是平平，無大好也無大壞。舉例來說：四十八歲就七十五流年部位是在鼻準，九執流年部位則是在口，鼻準相理好，水星口的相理也佳，四十八歲這年應是順暢的一年；若鼻準的相理不佳，口的相理也不好，兩個流年部位都不好，四十八歲運勢相對的要好也難。如果鼻與口相理一好一壞，那麼四十八歲這個流年就是好壞相抵，沒有特別的表現，也沒有特別的不好。

　　這裡要補充說明的是，九執流年輪執在印堂時，如印堂的形狀好，氣色佳，若七十五流年部位破陷，破陷流年對應之傷害，可以減半論處。

　　以上是七十五部位流年法，與九執流年法的運用方式，兩者是可以相互併用，但按老沈的認知，還是以七十五流年法為主，九執流年法僅屬於輔助之作用。此點，初學者不可不辨。（如附表）

附：七十五流年與九執流年對照表

流　　年	本　　位	九執位	流　　年	本　　位	九執位
1-7歲	左　　耳	略	45歲	壽　　上	右　　耳
8-14歲	右　　耳	略	46歲	左　　顴	左　　眉
15歲	火　　星	額	47歲	右　　顴	鼻
16歲	天　　中	右　　眉	48歲	準　　頭	口
17歲	日　　角	右　　眼	49歲	諫　　台	左　　耳
18歲	月　　角	右　　耳	50歲	廷　　尉	左　　眼
19歲	天　　庭	左　　眉	51歲	人　　中	額
20歲	左　輔　角	鼻	52歲	左　仙　庫	右　　眉
21歲	右　輔　角	口	53歲	右　仙　庫	右　　眼
22歲	司　　空	左　　耳	54歲	食　　倉	右　　耳
23歲	左　邊　城	左　　眼	55歲	祿　　倉	左　　眉
24歲	右　邊　城	額	56歲	左　法　令	鼻
25歲	中　　正	右　　眉	57歲	右　法　令	口
26歲	丘　　陵	右　　眼	58歲	左　附　耳	左　　耳
27歲	塚　　墓	右　　耳	59歲	右　附　耳	左　　眼
28歲	印　　堂	左　　眉	60歲	水　　星	額
29歲	左　山　林	鼻	61歲	承　　漿	右　　眉
30歲	右　山　林	口	62歲	左　地　庫	右　　眼
31歲	凌　　雲	左　　耳	63歲	右　地　庫	右　　耳
32歲	紫　　氣	左　　眼	64歲	陂　　池	左　　眉
33歲	紫　　霞	額	65歲	鵝　　鴨	鼻
34歲	彩　　霞	右　　眉	66歲	左　金　縷	口
35歲	太　　陽	右　　眼	67歲	右　金　縷	左　　耳
36歲	太　　陰	右　　耳	68歲	左　歸　來	左　　眼
37歲	中　　陽	左　　眉	69歲	右　歸　來	額
38歲	中　　陰	鼻	70歲	頌　　堂	右　　眉
39歲	少　　陽	口	71歲	地　　閣	右　　眼
40歲	少　　陰	左　　耳	72歲	左　奴　僕	右　　耳
41歲	山　　根	左　　眼	73歲	右　奴　僕	左　　眉
42歲	精　　舍	額	74歲	左　腮　骨	鼻
43歲	光　　殿	右　　眉	75歲	右　腮　骨	口
44歲	年　　上	右　　眼			

三百九十七、顴骨出現微細斜紋之休咎

問：本人年46歲，顴骨兩邊出現微微細斜紋，要如何看論休咎？謝謝老師！

答：顴骨主權柄，權柄者有二，一是物質錢財，一是名位尊榮。

顴骨出現細斜紋，便是相書所指的破顴紋，這紋路是違章建築物，其休咎不外是損財，還有工作會遇上同事或同業之小人讒言，致權力受到影響，故破顴紋是中年財業遇阻的外徵。

顴骨主宰46、47歲流年，提問者馮先生今明年適來到46、47歲兩流年，所以今明兩年諸事不宜，如創業投資、借貸、擔保等等。

倘若已經被借貸，因流年運在顴骨，故可以太膽推論，該筆借貸是無法於短期償還。

其次，破顴紋雖然會傷及自身權益或權力，如果當事人鼻子隆起，鼻顴相輔，倒也不致於被擊倒；但是如當事人鼻子是塌陷的，那這負向的影響將會加劇。這就是何以論相忌單論，還須以其它部位搭配看論的道理所在。

以上回覆海外朋友的問題，祝雨過天晴！

三百九十八、女生法令紋壓嘴角對婚姻之影響

問：請問沈老師，女生法令紋壓嘴角是否會影響婚姻？有分年紀嗎？

答：女生法令紋壓嘴角，依相書文獻指出，主非元配之相。

按這一面相條則來說明，有幾種可能：

一、如果是元配正室，最後恐會落入離異收場再披霞冠。

二、是元配身份且又未離異，但出現先生先亡之遺憾，最後還是落得二婚。

三、已結婚但未曾離婚，惟先生曾是二度婚姻的，這便是我們界定的非元配之相。

四、女嫁離婚者，男是二度婚姻的，或男妻已亡，或男比女歲數大，應該可以是完美的結局。

五、一種非元配之相是，男方已婚未離異，女方卻甘願為男方守一而終，但至終老仍得不到應有名份，這也是法令壓嘴角的常見態樣。

六、女生同期多偶，或多偶分期者，共同的符號不但是法令紋壓嘴角，此外，嘴角邊還有多條明顯不規則的斷續紋路。

從上列說明，女生法令紋壓嘴角是否會影響婚姻？答案呼之欲出，希望別對號入座，一切都是借的概念，快樂自在就行。

問者問，法令紋壓嘴角有分年紀嗎？容老沈這麼回答：

一、髮尖衝向印堂，易離流年在22、25、28歲。

二、眉毛逆亂，易離流年為31-34歲。

三、眼睛不對稱、珠睛黯濁、神流波泛者，流年37、38歲婚姻亮紅燈。

四、鼻子歪斜、鼻樑見節，婚變在45歲。

五、額寬嘴薄，婚情守不住流年56歲。

以上回應於劉小姐，面相是門統計與歸納，僅供參考，不為宿命依據。

三百九十九、女生額頭與生產安全有關

問：從大套教學影片中得知，女生額頭隱藏著與生產有關的重要密碼，老師可否彙整公開說明嗎？因為學生認為這太重要了！謝謝！

答：這位提問棧友太善良了，問題深入又富濟人之心，有鑑於老沈設棧的宗旨，在於掀開面相神秘的面紗。

因此，老沈很願意把「女生額頭隱藏著與生產有關的重要密碼」，彙整公諸於世。

以下是老沈對這提問的重點歸納：

一、額頭高寬凸的女生，先天骨盆腔偏窄，生產時不易順產，另外，生產前胎位易不正，倒踏蓮花；職是之故，這般寬凸額相的產婦，多數得要動刀剖腹生產。

二、女生高額者，懷孕後期額頭呈顯灰黑塵埃氣色，意味血小板不足，生產時需要在意因血小板不足，致血液不能凝固，而造成血崩的遺憾。

三、女生額頭寬凸，細紋橫布，這種相理，意味己身子宮偏弱不佳，多數產婦生產時因胎盤問題，導致需動刀剖腹，情況嚴重者得摘除子宮卵巢。

以上回覆都是驗證過的經驗談，請供參考。詳細情況，除了教學課程中有案例說明，第一集面相故事裡，也有專篇的介紹。

面相雖不入流，但可別忽略它存在的價值！謝謝陳小姐溫馨的提問。

四百、面相會反映陰陽宅的問題

問：請問，面相上如何和陽宅或陰宅搭配，之前看過大陸的駱駝相法或安徽相法，但準確性實在太低，不知沈老師有無這方面的體驗？

答：提問者是位命理界人士，對面相與風水夙有研究，本提問是實務操作的問題，老沈只能就過去的驗證，提出個人的心得分享。

一、面相是中國古神秘文化的一環，在中國流傳二千多年，各種相術法魚龍繁衍下，自立門戶，自創學說，故諸如所謂駱駝相法、安徽相法、林流相法、蕭湘相法，包括不才的沈氏相法，相繼而生，想必各家相法應是各有長短，各有互補。

二、老沈未識駱駝相法與安徽相法，無法置喙評述，但對蕭湘相法略知一二，有關其陽宅與陰宅的論則，曾有不少實體驗證經驗，倒是諸多契合，故，老沈對蕭湘相法對陰陽宅的論點，深表肯定。

三、以面相探論陰陽宅，老沈在第一集《面相答客問》中已有著墨，現在再度提出個人看法如下：

　　1.凡祖墳淹水、左右手抱斷裂，大厝移位、蛇鼠築窩、蔭屍等，會反射在陽世子孫男系的額頭上。

　　2.男生額頭日月角出現黯黑氣色，示意祖上墳墓出現如上其一的問題。

　　3.男生左額日角黯黑，代表先祖父或先父祖墳出現問題；反之，在額頭右邊月角者，是先祖母或先母祖墳出現問題。

　　4.解讀陰宅出現狀況，除了從額頭氣色判斷，還可以從印堂一起看論，如果額頭與印堂二部位出現黯黑雜氣色，陰宅祖墳的問題非但存在，且已是厄運降臨的先兆，不能等閒視之。

5.如果單是印堂氣黯，或眼睛赤絲貫瞳，這意味自家陽宅帶
煞帶陰，或是住家附近是殯葬場地。

6.不論男女，眼睛暗濁，印堂氣黯，同時兩眉侵印堂，這示
意著己身出生地是不乾淨的。

面相雖是門經驗統計的歸納結果，但如果更深層次的探索，它存
在著第三度空間問題，這問題已不是用科學方法所能說明的。

以上是老沈對面相與陰陽宅存在的關聯性，提出的個人見解，還
請明師方家匡闕補漏！

國家圖書館出版品預行編目資料

面相答客問 第二集／沈全榮 編著. --初版.--臺
中市：白象文化事業有限公司，2021.10
　　面；　公分
ISBN 978-626-7018-65-1（平裝）
1.面相
293.21　　　　　　　　　　　110013560

面相答客問 第二集

作　　　者	沈全榮
校　　　對	黃延眞、陳盈璇
發 行 人	張輝潭
出版發行	白象文化事業有限公司
	412台中市大里區科技路1號8樓之2（台中軟體園區）
	出版專線：（04）2496-5995　　傳眞：（04）2496-9901
	401台中市東區和平街228巷44號（經銷部）
	購書專線：（04）2220-8589　　傳眞：（04）2220-8505
專案主編	陳逸儒
出版編印	林榮威、陳逸儒、黃麗穎、水邊、陳婷婷、李婕
設計創意	張禮南、何佳誼
經銷推廣	李莉吟、莊博亞、劉育姍、李如玉
經紀企劃	張輝潭、徐錦淳、廖書湘、黃姿虹
營運管理	林金郎、曾千熏
印　　　刷	基盛印刷工場
初版一刷	2021年10月
定　　　價	500元